Fjodor Sologub

Unheimliche Geschichten

e-artnow 2018

Manfred von Richthofen
Der rote Kampfflieger (Der Rote Baron): Die Autobiografie

Leo Frobenius
Das schwarze Dekameron

Hermann Ungar
Die Verstümmelten

Willy Seidel
Der Gott im Treibhaus

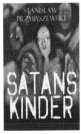

Stanislaw Przybyszewski
Satans Kinder

Wladyslaw Stanislaw Reymont
Der Vampir

Jakob Elias Poritzky
Gespenstergeschichten

Jeremias Gotthelf
Die schwarze Spinne (Horror-Klassiker)

Gustav Meyrink
Das grüne Gesicht (Fantasy-Romance)

Lafcadio Hearn
Phantasien

Fjodor Sologub

Unheimliche Geschichten

Der Kuß des Ungeborenen + Schatten + Der Stachel des Todes + Raja + In der Menge + Die trauernde Braut

Übersetzer: Alexander Eliasberg

e-artnow, 2018
Kontakt: info@e-artnow.org

ISBN 978-80-268-8618-1

Inhaltsverzeichnis

Schatten

I.

Wolodja Lowljew, ein schmächtiger, blasser Junge von etwa zwölf Jahren, war soeben aus dem Gymnasium heimgekommen. In Erwartung des Mittagessens stand er im Eßzimmer am Klavier und blätterte im neuesten Hefte der ›Niwa‹, das heute früh mit der Post gekommen war.

Aus der Zeitung, die neben der ›Niwa‹ lag und eine ihrer Seiten zudeckte, fiel ein kleines Heft aus dünnem grauem Papier heraus, – der Prospekt irgendeiner illustrierten Zeitschrift. Der Herausgeber zählte darin die zukünftigen Mitarbeiter auf – es waren an die fünfzig bekannte literarische Namen – pries in schönen Worten die Zeitschrift als Ganzes wie auch jede ihrer Abteilungen für sich und gab auch einige Illustrationen als Probe. Wolodja sah sich das graue Heft und die kleinen Bildchen näher an. Seine großen Augen im blassen Gesicht mit der breit entwickelten Stirne blickten müde.

Eine Seite des Prospekts zog seine Aufmerksamkeit besonders an, und seine großen Augen wurden noch größer. Neben den Lobhymnen auf eine der Abteilungen der Zeitschrift waren auf dieser Seite sechs Abbildungen, untereinander angeordnet, abgedruckt. Sie stellten auf verschiedene Art zusammengelegte Hände dar, die schwarze Silhouetten auf eine weiße Wand warfen: das Köpfchen eines jungen Mädchens in komischem gehörnten Hut, einen Eselskopf, einen Ochsenkopf, ein sitzendes Eichhörnchen und noch etwas von der gleichen Art.

Wolodja vertiefte sich lächelnd in die Betrachtung der Bilder. Er kannte diesen Zeitvertreib und verstand, die Hände so zusammenzulegen, daß an der Wand ein Hasenkopf erschien. Hier war aber etwas, was er noch nie gesehen hatte; vor allem waren es sehr komplizierte Figuren, zu denen man immer beide Hände brauchte.

Wolodja bekam Lust, diese Schatten nachzubilden. Aber um diese Stunde, im zerstreuten Lichte des sterbenden Herbsttages würde natürlich nichts gelingen.

»Ich werde das Heft mit auf mein Zimmer nehmen, niemand braucht es ja!« sagte er sich.

Plötzlich hörte er die Schritte und die Stimme seiner Mutter, die sich aus dem Nebenzimmer näherte. Er errötete, steckte das Heft schnell in die Tasche, wandte sich vom Klavier weg und ging auf seine Mutter zu, die ihm mild lächelnd entgegen kam. Sie sah ihm sehr ähnlich und hatte dieselben großen Augen im blassen, schönen Gesicht.

Die Mutter fragte ihn wie jedesmal.

»Was gibt's Neues in der Schule?«

»Es gibt nichts Neues,« sagte Wolodja etwas unwirsch.

Es kam ihm aber gleich zum Bewußtsein, daß er mit seiner Mutter nicht höflich genug sprach, und er schämte sich. Nun lächelte er ihr freundlich zu und versuchte sich zu besinnen, was es in der Schule gegeben hatte; er fühlte aber dabei einen neuen Ärger in sich aufsteigen.

»Der Pruschinin hat sich wieder einmal ausgezeichnet,« begann er von einem Lehrer zu erzählen, der wegen seiner Grobheit bei den Schülern höchst unbeliebt war. »Unser Leontjew sagte die Aufgabe auf und kam etwas aus dem Konzept. Und der Pruschinin sagte ihm: Genug, setzen Sie sich, Holz falle auf Holz!«

»Und ihr merkt euch alles gleich!« sagte die Mutter lächelnd. »Er ist überhaupt furchtbar grob!«

Wolodja schwieg eine Weile, seufzte und fügte mit klagender Stimme hinzu:

»Und sie haben immer solche Eile!«

»Wer denn?« fragte die Mutter.

»Ach, die Lehrer... Ein jeder will den ganzen Lehrstoff so schnell als möglich erledigen und vor den Prüfungen alles noch wiederholen. Und wenn man sie irgendwas fragt, so glauben sie gleich, man wolle sie ablenken, damit die Stunde schneller vergeht und der Lehrer nicht mehr Zeit hat, die Aufgaben abzuhören.«

»Kommt dann mit euren Fragen nach der Stunde!«

»Ja, nach der Stunde haben sie auch immer Eile: da müssen sie nach Hause oder ins Mädchengymnasium. Und alles geht so schnell: erst Geometrie und dann gleich Griechisch.«

»Man muß eben aufpassen!«

»Ja, aufpassen! Wie ein Eichhörnchen im Rad... Es regt mich wirklich furchtbar auf!«
Die Mutter verzog den Mund zu einem leisen Lächeln.

II.

Nach dem Mittagessen ging Wolodja auf sein Zimmer, um die Aufgaben zu machen. Sein Zimmer liegt abseits und ist so eingerichtet, wie wenn er der Herr im Hause wäre. Die Mutter will, daß ihr Wolodja es bequem habe, – und sein Zimmer enthält alles, was ein Arbeitszimmer enthalten soll. Niemand stört ihn hier, auch die Mutter kommt nicht herein, wenn er seine Aufgaben macht. Sie kommt erst später, um ihm zu helfen, falls er ihre Hilfe braucht.

Wolodja war ein fleißiger Schüler und hatte, wie es hieß, gute Fähigkeiten. Heute wollte aber die Arbeit nicht recht vonstatten gehen. Was er auch vornahm, immer fiel ihm gleich irgend etwas Unangenehmes ein: er mußte an den Lehrer für den betreffenden Gegenstand und an seine beißenden oder rohen Worte denken, die er nur so nebenbei hingeworfen, die sich aber in die Seele des empfindlichen Jungen tief eingruben.

Die letzten Stunden waren aus irgendeinem Grunde nicht gut ausgefallen: die Lehrer waren unzufrieden in die Schule gekommen, und die Arbeit ging schlecht vorwärts. Die Lehrer hatten Wolodja mit ihrer schlechten Stimmung angesteckt, und von den Seiten der Bücher und Hefte, die vor ihm lagen, wehte ihm eine dunkle, unbestimmte Unruhe entgegen.

Er ging von einem Gegenstand schnell zum zweiten und zum dritten über, und dieses schnelle Vorübergleiten der kleinen Dinge, die man bewältigen muß, um nicht morgen »wie Holz auf Holz« zu sitzen, dieses sinnlose und zwecklose Vorübergleiten ärgerte ihn. Vor Verdruß und Langeweile fing er sogar an zu gähnen, ungeduldig mit den Füßen zu scharren und auf dem Stuhle hin und her zu rücken.

Aber er wußte, daß alle diese Gegenstände erlernt sein müssen, daß sie sehr wichtig sind, und daß von ihnen seine Zukunft abhängt,– und er erledigte gewissenhaft die ihm so langweilig erscheinende Arbeit.

Plötzlich machte er in seinem Heft einen kleinen Klecks und legte die Feder weg. Er sah sich den Klecks genauer an und beschloß, ihn mit dem Federmesser auszuradieren. Er freute sich schon über diese Arbeit, die einige Abwechselung bringen würde.

Auf dem Tisch war kein Messer zu finden. Wolodja suchte eine Weile in der Tasche und fand es unter den verschiedenen unnützen Dingen, die er, wie alle Jungen, ständig mit sich herumschleppte. Als er es herauszog, kam zugleich auch irgendein Heftchen zum Vorschein.

Im ersten Augenblick wußte er noch nicht, was es für ein Heftchen war; als er es aber herauszog, erinnerte er sich an den Prospekt mit den Schattenbildern und wurde sofort lustig und lebhaft.

Das war wirklich das Heft, an das er nicht mehr gedacht hatte, als er sich mit seinen Aufgaben beschäftigte.

Er sprang flink vom Stuhl, rückte die Lampe näher zur Wand und blickte ängstlich auf die verschlossene Türe, ob nicht jemand käme. Dann schlug er das Heft auf der wohlbekannten Seite auf, studierte aufmerksam die erste Zeichnung und versuchte, die Hände auf die angegebene Art zusammenzulegen. Der Schatten geriet zuerst undeutlich, nicht so, wie er sein sollte. Wolodja rückte die Lampe hin und her und krümmte und spreizte die Finger so lange, bis endlich auf der weißen Wand der Mädchenkopf mit dem gehörnten Hute erschien.

Wolodja war es nun lustig zumute. Er neigte die Hände und bewegte leise die Finger, und der Kopf nickte, lächelte und zeigte komische Grimassen.

Wolodja ging dann zu der zweiten Figur über und nach dieser zu den übrigen. Sie alle wollten anfangs nicht recht gelingen, aber Wolodja brachte sie schließlich doch fertig.

So verging eine halbe Stunde, und er hatte die Aufgaben, das Gymnasium und die ganze Welt vergessen.

Plötzlich erklangen hinter der Türe wohlbekannte Schritte. Wolodja errötete, steckte das Heft in die Tasche, stellte die Lampe auf ihren Platz, so schnell, daß sie beinahe umfiel, und beugte sich über das Heft. Seine Mutter trat ins Zimmer.

»Wolodja, komm Tee trinken,« sagte sie.

Wolodja tat so, als ob er den Klecks betrachtete und das Messer öffnen wollte. Die Mutter legte ihm ihre Hände liebevoll auf den Kopf. Wolodja legte das Messer weg und schmiegte sich errötend an die Mutter. Sie schien nichts bemerkt zu haben, und Wolodja war froh darüber. Und doch schämte er sich, wie wenn man ihn an einem dummen Streich ertappt hätte.

III.

Auf dem runden Tisch im Eßzimmer sang der Samowar sein leises Lied. Die Hängelampe ergoß über die weiße Tischdecke und die dunklen Tapeten eine sanfte, müde Stimmung.

Die Mutter hatte ihr schönes, blasses Gesicht tief geneigt und war in Gedanken versunken. Wolodja hatte beide Hände auf dem Tische liegen und rührte den Tee mit dem Löffel um. Süße Ströme zogen durch die Flüssigkeit, und kleine Bläschen stiegen an die Oberfläche. Der silberne Löffel klirrte leise...

Das kochende Wasser tropfte aus dem Samowarhahn in die Tasse der Mutter...

Der Löffel warf auf die Untertasse und das Tischtuch einen leichten, im Tee aufgelösten Schatten. Wolodja betrachtete ihn aufmerksam: der Schatten des Löffels inmitten der Schatten der süßen Ströme und der Luftbläschen erinnerte ihn an etwas, er wußte aber selbst noch nicht, woran. Er drehte den Löffel hin und her, trommelte auf ihn leise mit den Fingern, es kam aber nichts heraus.

»Es muß aber gehen!« sagte er sich trotzig: »Man kann Schatten nicht nur mit den Fingern machen. Es geht auch mit allen anderen Dingen, es gehört nur eine gewisse Geschicklichkeit dazu.«

Wolodja betrachtete genau die Schatten des Samowars, der Stühle, des Kopfes seiner Mutter und des Teegeschirrs und suchte in ihnen die Ähnlichkeit mit anderen Dingen zu finden. Die Mutter sagte etwas, und Wolodja hörte kaum zu. »Wie lernt jetzt Ljoscha Siinikow?« fragte die Mutter.

Wolodja betrachtete gerade den Schatten der Milchkanne. Er fuhr plötzlich zusammen und antwortete schnell:

»Wie ein Kater!«

»Wolodja, du schläfst ja!« sagte die Mutter erstaunt.

»Was für ein Kater?«

Wolodja errötete.

»Ich weiß nicht, wie ich daraufkomme,« sagte er. »Verzeihe, Mutter, ich habe schlecht gehört.«

IV.

Am nächsten Abend vor der Teestunde erinnerte sich Wolodja wieder an die Schatten und machte sich wieder an diesen Zeitvertreib. Ein bestimmtes Bild wollte ihm immer nicht gelingen, was er mit seinen Fingern auch anfangen mochte.

Wolodja war in diese Beschäftigung so vertieft, daß er gar nicht merkte, wie die Mutter ins Zimmer trat. Als er die Türe knarren hörte, steckte er das Heft schnell in die Tasche und wandte sich verlegen von der Wand weg. Die Mutter blickte aber schon auf seine Hände, und ein leiser Argwohn durchzuckte ihre großen Augen.

»Was treibst du hier, Wolodja? Was hast du eben versteckt?«

»Es ist nichts!« stammelte Wolodja errötend und verlegen.

Die Mutter glaubte, daß Wolodja eben rauchen wollte und die Zigarette versteckt habe.

»Wolodja, zeig mir sofort, was du eben in die Tasche gesteckt hast!« sagte sie erschrocken.

»Wirklich, Mutter...«

Die Mutter faßte ihn am Ellbogen.

»Soll ich vielleicht selbst in deiner Tasche nachsehen?«

Wolodja errötete noch mehr und zog aus der Tasche das Heftchen heraus.

»Hier!« sagte er, es der Mutter reichend.

»Was ist das?«

»Es sind Bildchen darin,« erklärte Wolodja, »siehst du, Schatten. Ich wollte sie auf die Wand werfen, aber sie gerieten mir nicht recht.«

»Nun, was gibt's denn da zu verstecken?« sagte die Mutter beruhigt. »Was sind's für Schatten? Zeig sie mir einmal!«

Wolodja schämte sich, gehorchte aber der Mutter und begann die Schatten vorzuführen.

»Siehst du, das ist der Kopf eines Herrn mit einer Glatze, und das da – ein Hasenkopf!«

»Ach du!« sagte die Mutter. »So machst du also deine Aufgaben!«

»Ich habe mich nur ein wenig damit abgegeben, Mutter.«

»Ja, ein wenig! Warum bist du aber so rot geworden, mein Lieber? Ich weiß zwar, daß du alles, was du mußt, gewissenhaft machst.«

Die Mutter fuhr ihm mit der Hand in seine kurzen Haare. Wolodja lachte und barg sein glühendes Gesicht zwischen ihren Armen.

Die Mutter ging hinaus, und Wolodja fühlte sich noch immer beschämt und etwas ungemütlich. Die Mutter hatte ihn bei einem Zeitvertreib erwischt, über den er wohl selbst lachen würde, wenn einer seiner Schulkameraden sich damit abgegeben hätte.

Wolodja wußte, daß er ein kluger Junge war, und hielt sich selbst für sehr ernst. Und doch gab er sich mit einer Sache ab, die für ein Mädchenkränzchen passen würde.

Er steckte das Heft mit den Schatten tief in die Schublade seines Tisches und nahm es mehr als acht Tage nicht heraus. Acht Tage dachte er sogar fast nie an die Schatten. Höchstens ab und zu am Abend, wenn er seine Aufgaben machte und von einem Gegenstand zum andern überging, lächelte er beim Gedanken an den gehörnten Mädchenkopf, wollte sogar das Heft wieder herausholen, erinnerte sich aber gleich daran, wie ihn die Mutter neulich ertappt hatte, schämte sich und lernte weiter.

V.

Wolodja und seine Mutter, Jewgenia Stepanowna, wohnten am Ende der Gouvernementsstadt im eigenen Hause. Jewgenia Stepanowna war seit neun Jahren Witwe. Nun war sie fünfunddreißig Jahre alt, noch immer jugendlich und schön, und Wolodja hing an ihr mit zärtlicher Liebe. Sie lebte ganz für den Sohn, erlernte zugleich mit ihm die alten Sprachen und teilte alle seine Schulsorgen. Sanft, freundlich und ein wenig ängstlich, blickte sie in die Welt mit ihren großen Augen, die mild in ihrem blassen, schönen Gesichte strahlten.

Sie hatten nur einen Dienstboten: Praskowja, eine mürrische, doch rüstige und kräftige Witwe. Sie war vielleicht fünfundvierzig Jahre alt, aber so schweigsam, daß man sie für hundertjährig halten konnte.

Wenn Wolodja ihr finsteres, wie aus Stein gemeißeltes Gesicht ansah, fragte er sich oft, woran sie in ihrer Küche an den langen Winterabenden wohl denken möge, wenn die kalten Stricknadeln in ihren knöchernen Händen eintönig klirren und die trockenen Lippen lautlos Rechnungen murmeln ... Denkt sie da an ihren Mann, den Trunkenbold? Oder an ihre früh verstorbenen Kinder? Oder an ihr eigenes einsames und heimloses Alter? ...

Hoffnungslos traurig und ernst ist ihr versteinertes Gesicht ...

VI.

Ein langer Herbstabend. Draußen Regen und Wind.

Langweilig und gleichgültig brennt die Lampe.

Wolodja stützt den Kopf in die Hände, neigt sich über den Tisch nach links und schaut auf die weiße Tapete und auf den weißen Fenstervorhang.

Die bleichen Blumen des Tapetenmusters sind nicht zu sehen ... Es ist eine so langweilige weiße Farbe.

Der weiße Lampenschirm hält einen Teil der Lichtstrahlen zurück. Die ganze obere Hälfte des Zimmers liegt im Halbdunkel.

Wolodja streckt die rechte Hand aus. Auf der vom gedämpften Licht schwach beleuchteten Wand erscheint ein langer, verschwommener Schatten...

Der Schatten eines Engels, der von dieser sündhaften, traurigen Welt in den Himmel stiegt, ein durchsichtiger Schatten mit breiten Flügeln und auf die Brust gesenktem Haupt...

Trägt nicht der Engel in seinen zarten Händen etwas Wichtiges, doch von den Menschen Unbeachtetes aus dieser Welt fort?

Wolodja holt schwer Atem. Er läßt die Hand träge sinken und blickt gelangweilt in das Lehrbuch.

Ein langweiliger Abend ... Eine langweilige Farbe ... Draußen weint und schluchzt es...

VII.

Die Mutter ertappte Wolodja zum zweitenmal bei den Schatten.

Diesmal war ihm der Ochsenkopf gelungen. Er bewunderte ihn und ließ den Ochsen den Hals recken und brüllen.

Die Mutter aber war sehr unzufrieden.

»So lernst du also!« sagte sie vorwurfsvoll.

»Nur ein klein wenig, Mutter!« flüsterte Wolodja verlegen.

»Du kannst dich ja damit ln deiner freien Zeit abgeben,« sagte sie. »Du bist kein kleines Kind mehr! Wie schämst du dich nicht, die Zeit mit solchem Unsinn zu verbringen?«

»Mutter, ich will es nicht wieder tun!«

»Du verdirbst dir die Augen dabei!«

»Ich tue es wirklich nicht wieder!«

Er hatte aber nicht die Kraft, das Versprechen zu halten. Die Schatten gefielen ihm zu gut, und während mancher uninteressanten Stunde in der Schule spürte er Lust, sich mit ihnen abzugeben.

Diese Beschäftigung nahm ihm an manchen Abenden so viel Zeit weg, daß er seine Aufgaben nicht ordentlich machen konnte. Um das Versäumte nachzuholen, mußte er später als sonst zu Bett gehen. Aber wie sollte er diese Beschäftigung ganz aufgeben?

Er erfand einige neue Figuren und machte die Schatten nicht nur mit den Fingern. Die Schatten lebten an der Wand, und Wolodja schien es, daß sie ihm viele interessante Dinge erzählten.

Er war ja immer ein Träumer gewesen.

VIII.

Es ist Nacht. In Wolodjas Zimmer ist es finster. Wolodja liegt in seinem Bett, kann aber nicht einschlafen. Er liegt auf dem Rücken und blickt zur Decke hinauf.

Draußen auf der Straße geht jemand mit einer Laterne vorbei. Über die Zimmerdecke läuft sein Schatten inmitten der roten Reflexe der Laterne. Die Laterne pendelt offenbar in den Händen des Mannes, der sie trägt, denn der Schatten bewegt sich ungleichmäßig und zitternd.

Wolodja ist es auf einmal ängstlich und bange zumute. Er zieht die Decke schnell über den Kopf, dreht sich hastig und zitternd auf die andere Seite um und beginnt zu träumen.

Es ist ihm so warm und wohlig. Schöne, einfältige Gedanken, wie sie ihm immer vor dem Einschlafen kommen, ziehen ihm durch den Sinn.

Wenn er so im Bette liegt, ist es ihm oft bange zumute, er wird gleichsam kleiner und schwächer; er vergräbt den Kopf in die Kissen, vergißt alle seine Knabenmanieren, wird zärtlich und liebevoll und hat das Bedürfnis, seine Mutter zu umarmen und zu küssen.

IX.

Die graue Dämmerung wurde dichter. Die Schatten schwammen ineinander. Wolodja war es so traurig ums Herz.

Da ist aber die Lampe...Ihr Licht fließt auf das grüne Tuch des Tisches, und über die Wand huschen unbestimmte liebe Schatten.

Wolodja fühlt sich von Freude beseelt, er wird lebhaft und holt schnell das Heft heraus.

Der Ochse brüllt...Das junge Mädchen lacht hell...Was für böse runde Augen hat doch dieser Herr!

Jetzt kommt etwas Eigenes.

Eine Steppe. Ein Wanderer mit einem Sack. Ein trauriges, gedehntes Wanderlied scheint zu klingen...

Wolodja ist es froh und traurig zumute.

X.

»Wolodja, ich sehe dieses Heft nun schon zum drittenmal in deinen Händen. Bewunderst du nun wirklich jeden Abend deine Finger?«

Wolodja stand verlegen am Tisch, wie wenn man ihn auf einem üblen Streich ertappt hätte, und drehte das Heft in den heißen und feuchten Fingern.

»Gib es her!« sagte die Mutter.

Wolodja reichte ihr verwirrt das Heft. Die Mutter nahm es und ging schweigend aus dem Zimmer. Er setzte sich wieder an seine Schulaufgaben.

Er schämte sich, mit seinem Eigensinn der Mutter Kummer gemacht zu haben, und ärgerte sich, daß sie ihm das Heft weggenommen hatte, und daß es mit ihm so weit gekommen war. Er fühlte sich recht unbehaglich und ärgerte sich über die Mutter. Er schämte sich, ihr zu zürnen, konnte aber nicht anders. Und weil er sich seines Ärgers schämte, wurde dieser noch größer. Er wurde böse.

»Es macht nichts, daß sie es mir weggenommen hat,« sagte er sich schließlich. »Ich werde mich auch ohne das Heft behelfen können.«

Wolodja hatte ja schon sowieso alle Figuren im Kopfe und brauchte das Heft nur manchmal zur Kontrolle.

XI.

Die Mutter nahm das Heft mit den Schatten zu sich ins Zimmer, schlug es auf und wurde nachdenklich.

»Was ist denn Verlockendes darin?« dachte sie. »Er ist doch ein vernünftiger, lieber Junge und gibt sich mit solchem Unsinn ab!«

»Nein, es wird wohl kein Unsinn sein!«

»Was mag denn dahinterstecken?« fragte sie sich beharrlich.

Eine seltsame Furcht stieg in ihr auf: die schwarzen Bilder flößten ihr ein feindseliges, ängstliches Gefühl ein.

Sie stand auf und zündete eine Kerze an. Sie trat mit dem grauen Heft vor die Wand und blieb, von einer bangen Furcht ergriffen, stehen.

»Ich muß doch endlich erfahren, was daran ist!« sagte sie sich und begann die Schatten, einen nach dem andern nachzubilden.

Sie legte die Finger aufmerksam und gewissenhaft zusammen und drehte die Hände so lange, bis sie die Figur erhielt, die sie brauchte. Eine unklare Angst regte sich in ihr. Sie versuchte, sie niederzukämpfen. Die Angst wurde aber immer größer und ließ sie nicht aus ihrem Bann. Ihre Hände zitterten, und die durch die Dämmerung des Lebens eingeschüchterten Gedanken eilten drohenden Qualen entgegen...

Plötzlich hörte sie die Schritte ihres Sohnes. Sie fuhr zusammen, versteckte das Heft und blies die Kerze aus.

Wolodja blieb an der Schwelle stehen. Der strenge Blick der Mutter und ihre ungeschickte, sonderbare Stellung vor der Wand verwirrten ihn.

»Was willst du?« fragte die Mutter mit strenger, unnatürlich gespannter Stimme.

Eine dunkle Ahnung durchzuckte Wolodja. Er wollte sie von sich abschütteln und begann mit der Mutter irgendein Gespräch.

XII.

Wolodja verließ das Zimmer.

Die Mutter ging einigemal auf und ab. Sie merkte, daß ihr auf dem Fußboden ihr Schatten folgte, und – seltsam! – dies weckte in ihr zum erstenmal in ihrem Leben ein seltsames Unbehagen. Der Gedanke, einen Schatten zu haben, ließ sie nicht los. Jewgenia Stepanowna fürchtete aber diesen Gedanken und bemühte sich, den Schatten nicht mehr zu beachten.

Der Schatten aber schlich ihr nach und neckte sie. Jewgenia Stepanowna bemühte sich, an etwas anderes zu denken, – es war umsonst!

Plötzlich blieb sie blaß und erregt stehen.

»Na ja, Schatten!« rief sie laut aus, in seltsamer Erregung mit den Füßen stampfend. »Was ist denn dabei? Was ist denn dabei?«

Sie sagte sich aber gleich, daß es keinen Sinn habe, zu schreien und mit den Füßen zu stampfen, und wurde still.

Sie trat vor den Spiegel. Ihr schönes Gesicht war blasser als sonst, und ihre Lippen zitterten vor Angst und Zorn.

»Es sind die Nerven,« sagte sie sich. »Ich muß mich zusammennehmen, sonst gehe ich ganz aus dem Leim...«

XIII.

Die Dämmerung senkte sich. Wolodja war in seine Gedanken vertieft.

»Wolodja komm, wir wollen etwas ausgehen!« sagte die Mutter.

Aber auch auf der Straße waren überall Schatten, abendliche, geheimnisvolle flüchtige Schatten, und auch sie raunten Wolodja etwas Vertrautes und unsagbar Trauriges zu.

Am trüben Himmel leuchteten einige Sterne auf. So fern und fremd waren sie Wolodja und den Schatten, die ihn umdrängten. Er wollte seiner Mutter eine Freude machen und bemühte sich, nur an die Sterne zu denken: nur sie allein waren den Schatten fremd.

»Mutter,« begann er, sie, ohne es selbst zu merken, unterbrechend, »wie schade ist es doch, daß man zu den Sternen nicht hinauf kann!«

Die Mutter schaute zum Himmel empor und antwortete:

»Es ist auch gar nicht nötig. Nur auf dieser Erde geht es uns gut, dort oben ist es ganz anders.«

»Wie schwach sie leuchten! Aber es ist so besser.«

»Warum?«

»Wenn sie stärker leuchteten, würden auch sie Schatten werfen.«

»Wolodja, warum denkst du nur an die Schatten?« »Ich tat es aus Versehen,« sagte Wolodja reumütig.

XIV.

Wolodja gab sich noch immer Mühe, seine Aufgaben möglichst gut zu machen, er wollte die Mutter nicht durch seine Faulheit kränken. Aber er gebrauchte seine ganze Einbildungskraft dazu, um jeden Abend auf seinem Tische einen Haufen Dinge so aufzustellen, daß er einen neuen seltsamen Schatten auf die Wand warf. Er legte und stellte die Gegenstände immer um und freute sich, wenn an der weißen Wand Gebilde erschienen, in die er irgendeinen Sinn hineinlegen konnte. Er hing an den Schattenbildern mit großer Liebe. Sie waren für ihn nicht stumm, sie erzählten ihm etwas, und Wolodja verstand ihr Stammeln. Er verstand, was der traurige Wanderer, der im Herbstregen mit dem Stecken in der zitternden Hand und dem Sack auf dem gebeugten Rücken durch die Landstraße ziehen muß, murrt.

Er verstand, worüber sich der schneeverwehte, in der Winterstille trauernde Wald beklagt, wenn seine Äste vor Frost krache; was der schwerfällige Rabe auf der vor Alter grauen Eiche mit seinem Krächzen sagen will; worüber das lebhafte Eichhörnchen, vor der leeren Höhlung im Baume sitzend, trauert.

Er verstand, weshalb die alten heimatlosen, zerlumpten Bettlerinnen, im heulenden Herbstwind auf dem engen Friedhofe zitternd, zwischen schwankenden Kreuzen und schwarzen Gräbern weinen.

Vergessenheit und verzehrende Trauer!

XV.

Die Mutter merkte, daß Wolodja auch weiter sein Spiel betrieb.

Sie sagte ihm beim Mittagessen:

»Wolodja, wenn du dich doch für etwas anderes interessieren wolltest!'

»Für was denn, Mutter?«

»Lies doch etwas!«

»Wenn ich lese, zieht es mich immer zu den Schatten hin.«

»Versuch es mit irgendeinem andern Spiel, vielleicht mit Seifenblasen.«

Wolodja lächelte traurig:

»Die Seifenblasen fliegen davon und mit ihnen auch ihre Schatten an der Wand.«

»Wolodja, du ruinierst dir ja schließlich die Nerven! Ich sehe es, du bist auch abgemagert!«

»Mutter, du übertreibst!«

»Ich bitte dich!...Ich weiß, du schläfst schlecht in der Nacht und sprichst oft aus dem Schlafe. Denke dir nur, wenn du krank wirst...«

»Warum nicht gar!«

»Wenn du, Gott behüte, verrückt wirst oder stirbst, bedenke doch, wie groß mein Schmerz sein wird!«

Wolodja lachte auf und fiel der Mutter um den Hals.

»Mutter, ich sterbe nicht. Ich will es nie wieder tun!«

Die Mutter sah, daß Wolodja weinte.

»Hör auf!« sagte sie, »Gott ist barmherzig. Schau nur, wie nervös du geworden bist: du lachst und weinst zugleich.«

XVI.

Die Mutter beobachtete Wolodja aufmerksam und voller Angst. Jede Kleinigkeit regte sie auf.

Sie merkte plötzlich, daß Wolodjas Kopf nicht ganz symmetrisch war: ein Ohr stand viel höher als das andere, und das Kinn war etwas schief. Die Mutter betrachtete sich selbst im Spiegel und stellte fest, daß Wolodja ja ihr auch darin ähnlich sah.

»Vielleicht ist es das Anzeichen einer erblichen Belastung oder Degeneration. Und wo ist die Wurzel des Übels? Bin ich ohne innern Halt, oder war es sein Vater?«

Jewgenia Stepanowna dachte an ihren verstorbenen Gatten. Er war der beste und liebenswürdigste Mensch, willensschwach, von ohnmächtigem Streben nach unklaren Zielen erfüllt, manchmal verzückt und manchmal von mystischer Trauer ergriffen, von Gedanken an eine bessere Gesellschaftsordnung und vom Streben beseelt, dem Volke zu dienen, und am Ende seines Lebens Quartalsäufer.

Er starb jung, erst fünfunddreißig Jahre alt...

Die Mutter ging mit Wolodja zum Arzt und schilderte diesem sein Leiden. Der Arzt, ein lebenslustiger junger Herr, hörte ihr mit einem leisen spöttischen Lächeln zu, gab einige Ratschläge wegen der Diät und der Lebensweise, machte einige Witze, schrieb vergnügt ein Rezeptchen, klopfte Wolodja wohlwollend auf die Schulter und sagte:

»Aber die beste Arznei wäre eine Rute!«

Die Mutter fühlte sich für Wolodja beleidigt, folgte aber sonst den Vorschriften des Arztes.

XVII.

Wolodja saß in der Schule. Er langweilte sich und hörte kaum zu...

Er blickte auf: von der Decke zur vordern Wand des Klassenzimmers glitt ein Schatten. Wolodja stellte fest, daß der Schatten vom ersten Fenster kam. Er fiel durch das Fenster zuerst in die Mitte der Klasse und glitt dann an Wolodja vorbei nach vorn: offenbar ging jemand durch die Straße. Als dieser Schatten sich noch bewegte, fiel durch das zweite Fenster ein anderer Schatten, der anfangs auch über die hintere Wand huschte und dann schnell zu der vordern hinüberglitt. Ebenso war es auch am dritten und am vierten Fenster. Die Schatten fielen auf die Decke und die Wände des Klassenzimmers und bewegten sich in entgegengesetzter Richtung, als die Leute durch die Straße gingen.

»Hier ist es also anders als im Freien, wo der Schatten dem Menschen folgt,» wenn der Mensch nach rechts geht, bewegt sich hier sein Schatten nach links, und andere Schatten kommen ihm entgegen!«

Wolodja warf einen Blick auf den ausgemergelten Lehrer. Sein kaltes, gelbes Gesicht ärgerte ihn. Er suchte seinen Schatten und fand ihn auch an der Wand hinter dem Sessel. Der Schatten machte zwar alle die häßlichen Bewegungen des Lehrers mit, hatte aber weder das gelbe Gesicht noch das beißende Lächeln, und Wolodja betrachtete ihn mit Wohlgefallen. Seine Gedanken waren weit weg, und er hörte überhaupt nichts mehr.

»Lowljew!« rief ihn der Lehrer an.

Wolodja stand mechanisch auf und starrte den Lehrer blöde an. Er hatte dabei einen so geistesabwesenden Gesichtsausdruck, daß die Mitschüler auflachten und der Lehrer eine strenge Miene aufsetzte.

Wolodja hörte darauf, wie der Lehrer ihn höflich und beißend verhöhnte. Er zitterte vor Kränkung und Ohnmacht. Der Lehrer erklärte schließlich, daß er ihm für sein Nichtwissen und seine Unaufmerksamkeit einen Vierer geben müsse, und forderte ihn auf, sich wieder hinzusetzen.

Wolodja lächelte blöde, setzte sich hin und begann über das Vorgefallene nachzudenken.

XVIII.

Ein Vierer, der erste in seinem Leben!

Das kommt ihm so sonderbar vor!

»Lowljew,« necken ihn lachend die Mitschüler und stoßen ihn an, »du hast einen Vierer gekriegt! Wohl bekomm's!«

Er fühlt sich recht ungemütlich, denn er weiß noch nicht, wie man sich in solchen Fällen zu benehmen hat.

»Nun, und wenn schon?« sagt er geärgert, »was geht's dich an?«

»Lowljew,« ruft ihm der faule Snegirjow zu, »jetzt gehörst du zu uns!«

Der erste Vierer! Und er muß ihn der Mutter zeigen.

Er schämt sich und empfindet es als eine Erniedrigung. Es ist ihm, als ob der Ranzen auf seinem Rücken schwerer geworden wäre, der Vierer sitzt ihm so unbequem und lästig in den Gedanken, und er kann ihn mit seinem Verstand gar nicht fassen.

Ein Vierer!

Er konnte sich mit ihm unmöglich abfinden und mußte fortwährend an ihn denken. Als der Schutzmann, der auf seinem Posten vor dem Gymnasium stand, ihn wie immer streng ansah, dachte sich Wolodja gleich:

»Wenn du erst wüßtest, daß ich einen Vierer habe!«

Das Gefühl war ihm ganz neu und höchst unbehaglich. Er wußte nicht, wie er den Kopf halten und was er mit seinen Händen anfangen sollte – das unbehagliche Gefühl hatte seinen ganzen Körper ergriffen.

Dabei mußte er seinen Mitschülern ein sorgloses Gesicht zeigen und von anderen Dingen sprechen!

Ja, die Mitschüler! Wolodja war überzeugt, daß sie sich alle über seinen Vierer freuten.

XIX.

Als die Mutter den Vierer sah, blickte sie erst Wolodja und dann wieder den Vierer verständnislos an und sagte leise:

»Wolodja!«

Wolodja stand vor ihr und wollte in die Erde versinken. Er sah auf die Falten ihres Kleides und auf ihre blassen Hände und fühlte auf seinen zitternden Augenlidern ihre bestürzten Blicke.

»Was ist denn das?« fragte die Mutter.

»Das macht doch nichts, Mutter,« sagte Wolodja plötzlich, »das ist doch der erste!«

»Der erste!«

»Nun, es kann doch einem jeden passieren. Es kam ganz zufällig.«

»Ach, Wolodja, Wolodja!«

Wolodja weinte und schmierte sich die Tränen wie ein kleines Kind mit der flachen Hand über die Wangen.

»Mutter, sei mir nicht böse!« flüsterte er.

»Das hast du von deinen Schatten!« sagte die Mutter.

Wolodja hörte in ihrer Stimme Tränen. Sein Herz krampfte sich zusammen. Er blickte die Mutter an: sie weinte. Er stürzte zu ihr hin.

»Mutter, Mutter,« wiederholte er, ihre Hände küssend, »jetzt lass´ ich sie sein! Ich lasse die Schatten sein...«

XX.

Wolodja nahm seine ganze Willenskraft zusammen und gab sich eine Zeitlang mit den Schatten, so sehr sie ihn auch anzogen, nicht mehr ab. Er versuchte das Versäumte nachzuholen.

Aber die Schatten verfolgten ihn hartnäckig. Und wenn er sie auch gar nicht rief, wenn er auch die Finger gar nicht zusammenlegte und die Gegenstände auf seinem Tische gar nicht ordnete, damit sie Schatten auf die Wand werfen, – die zudringlichen Schatten kamen von selbst und ließen ihn nicht in Ruhe.

Wolodja interessierte sich nicht mehr für die Dinge selbst, er sah sie fast gar nicht mehr an, seine ganze Aufmerksamkeit galt ihren Schatten.

Wenn er nach Hause ging, und die Sonne, wenn auch in einen Nebelschleier gekleidet, durch die Herbstwolken durchbrach, freute er sich, wenn überall flüchtige Schatten huschten.

Und wenn er abends zu Hause war, drängten sich um ihn die Schatten, die von der Lampe kamen.

Überall waren Schatten: scharf umrissene Schatten von Lampen und Kerzen, verschwommene Schatten vom zerstreuten Tageslicht, – sie umdrängten Wolodja, durchkreuzten sich und verstrickten ihn in ein unzerreißbares Netz.

Die einen waren unergründlich, rätselhaft, die andern erinnerten an etwas, wiesen auf etwas hin. Gewisse Schatten waren seine lieben, vertrauten Bekannten, und Wolodja suchte sie, wenn auch ohne es selbst zu wollen, und haschte nach ihnen im Gewirr der fremden Schatten.

Aber diese lieben, vertrauten Schatten waren immer traurig...

Wenn Wolodja sich auf der Suche nach diesen Schatten ertappte, fühlte er Gewissensbisse und ging zu seiner Mutter, um ihr zu beichten.

Einmal konnte Wolodja der Versuchung nicht mehr widerstehen: er trat vor die Wand und machte den Schatten eines Kalbes. Die Mutter überraschte ihn bel dieser Beschäftigung.

»Schon wieder!« rief sie zornig aus. »Ich will den Direktor bitten, daß er dich in den Karzer sperrt.«

Wolodja errötete und sagte finster:

»Auch im Karzer ist eine Wand... Überall sind Wände.«

»Wolodja!« rief die Mutter bekümmert aus: »Was sagst du?« Wolodja bereute aber schon seine rasche Bemerkung und fing zu weinen an.

»Mutter, ich weiß selbst nicht, was mit mir los ist!«

XXI.

Die Mutter kann aber ihre abergläubische Angst vor den Schatten noch immer nicht niederkämpfen. Oft kommt ihr der Gedanke, daß auch sie einmal in den Bann der Schatten geraten wird, und sie versucht sich zu trösten.

»Was für Dummheiten mir doch in den Sinn kommen!« sagt sie sich. »So Gott will, wird alles gut enden. Wolodja wird sich so lange mit ihnen abgeben, bis er sie einmal selbst satt hat!«

Doch ihr Herz ist von einem heimlichen Schrecken gelähmt, und ihre Gedanken, die vor dem Leben solche Angst haben, eilen voraus, um die künftigen Qualen zu erfassen.

In den bangen Morgenstunden prüft sie ihre Seele, läßt ihr ganzes Leben an sich vorüberziehen und sieht, wie leer, unbrauchbar und zwecklos es ist... Es ist nur ein sinnloses Dahingleiten von Schatten, die in der sich verdichtenden Dämmerung zusammenfließen.

»Wozu habe ich gelebt?« fragt sie sich. »Für den Sohn? Wozu? Damit auch er der Gewalt der Schatten verfällt, ein Besessener mit engem Horizont, an Illusionen, an sinnlose Spiegelbilder auf der leblosen Wand gekettet? Auch er wird ins Leben treten, auch er wird neuen Wesen das Leben schenken, unnütz und schattenhaft wie ein Traum.«

Sie setzt sich ln den Sessel am Fenster und denkt und denkt.

Bitter und endlos sind ihre Gedanken.

Sie ringt verzweifelnd die blassen schönen Hände.

Die Gedanken zerrinnen. Sie blickt auf ihre zurückgebogenen Hände und versucht zu erraten, was für Schatten sie auf die Wand werfen würden. Sie ertappt sich dabei und fährt erschrocken auf.

»Gott, Gott,« ruft sie aus, »das ist ja Wahnsinn!«

XXII.

Die Mutter beobachtet Wolodja beim Mittagessen.

»Er ist blaß geworden und hat abgenommen, seit er das unglückselige Heft in die Hand bekommen hat. Er ist ein anderer geworden, sein Charakter und alles hat sich verändert.

Es heißt, daß der Charakter des Menschen sich vor dem Tode ändert... Und wenn Wolodja stirbt?

Ach nein, nein, behüte Gott!«

Der Löffel zitterte in ihrer Hand. Sie richtete die erschrockenen Augen auf das Heiligenbild.

»Wolodja, warum ißt du die Suppe nicht?« fragt sie besorgt.

»Ich habe keine Lust, Mutter.«

»Wolodja, mein Schatz, mach keine Geschichten, es ist doch schädlich, keine Suppe zu essen!«

Wolodja lächelt träge und löffelt langsam die Suppe aus. Die Mutter hat ihm diesmal zu viel Suppe in den Teller gegeben. Er lehnt sich zurück und will, um seinem Ärger Luft zu machen, der Mutter sagen, daß die Suppe schlecht geschmeckt habe. Aber die Mutter hat ein so besorgtes Gesicht, daß er es nicht zu sagen wagt und nur schwach lächelt.

»Jetzt bin ich satt,« sagt er.

»Ach nein, Wolodja, heute gibt es ja deine Lieblingsspeisen!«

Wolodja seufzt traurig auf: er weiß, daß, wenn die Mutter von seinen Lieblingsspeisen spricht, er wieder gemästet werden soll. Er ahnt schon, daß die Mutter ihn auch beim Abendtee wie gestern zwingen wird, Fleisch zu essen.

XXIII.

Die Mutter sagt abends zu Wolodja:

»Wolodja, mein lieber Junge, du wirst dich wieder nicht beherrschen können, laß lieber die Türe offen stehen!«

Wolodja macht sich an seine Aufgaben. Er ärgert sich aber, daß die Türe hinter seinem Rücken offen steht, und daß die Mutter ab und zu vorbeigeht.

»So kann ich nicht!« schreit er, den Stuhl mit Lärm zurückschiebend: »Ich kann nicht arbeiten, wenn die Türe offen steht!«

»Was schreist du so, Wolodja?« sagt die Mutter freundlich und besänftigend.

Wolodja bereut aber schon seine Aufregung und weint. Die Mutter liebkost ihn und redet ihm zu:

»Ich bin ja nur um dich besorgt, Wolodja, ich will dir nur helfen, deiner bösen Leidenschaft Herr zu werden!«

»Mutter, setz dich doch hierher!« bittet Wolodja.

Die Mutter nimmt irgendein Buch und setzt sich an Wolodjas Tisch. Einige Minuten macht er ruhig seine Aufgaben. Die Anwesenheit der Mutter fängt ihn aber allmählich zu ärgern an.

Als ob ich wirklich krank wäre! denkt er zornig.

Seine Gedanken geraten durcheinander. Er rückt geärgert hin und her und beißt sich die Lippen. Die Mutter bemerkt es schließlich und verläßt das Zimmer.

Wolodja fühlt aber keine Erleichterung. Er bereut, seine Ungeduld gezeigt zu haben, und die Reue quält ihn. Vergebens versucht er zu arbeiten. Endlich geht er zu der Mutter.

»Mutter, warum bist du von mir fortgegangen?« fragt er schüchtern.

XXIV.

Die Nacht vor einem Feiertag. Vor den Heiligenbildern brennen Lämpchen.

Es ist spät, es ist still. Die Mutter schläft nicht. Sie kniet im geheimnisvollen Dunkel des Schlafzimmers, betet und schluchzt wie ein Kind.

Ihre Zöpfe fließen auf das weiße Kleid herab. Ihre Schultern zittern. Sie hebt die Arme flehend zur Brust und blickt mit verweinten Augen zum Heiligenbild empor. Das Lämpchen schaukelt, von ihrem heißen Atem bewegt, leise und kaum wahrnehmbar an seiner Kette. Die Schatten schwanken und drängen sich in den Ecken, huschen hinter dem Heiligenschrein und flüstern etwas Geheimnisvolles. Eine hoffnungslose Sehnsucht ist in ihrem Flüstern, eine unergründliche Trauer in ihrem flüchtigen Huschen.

Die Mutter erhebt sich von den Knien, blaß mit weit aufgerissenen, seltsam blickenden Augen, und ihre Füße wanken.

Leise geht sie zu Wolodja. Die Schatten umdrängen sie, rauschen leise hinter ihrem Rücken, kriechen vor ihren Füßen, fallen, leicht wie Spinngewebe, auf ihre Schultern und stammeln, in ihre großen Augen blickend, etwas Unverständliches. Vorsichtig tritt sie vor das Bett des Sohnes. So blaß ist sein Gesicht im Scheine des Lämpchens. Scharf umrissene, seltsame Schatten ruhen darauf. Man hört ihn gar nicht atmen, er schläft so ruhig, daß die Mutter Angst bekommt.

Von unbestimmten Schatten umdrängt, von unklaren Ängsten umweht, steht sie da.

XXV.

Die hohe Wölbung der Kirchenkuppel ist finster und geheimnisvoll. Die Gesänge der Abendmesse steigen hinauf und hallen dort oben feierlich und traurig wider. Geheimnisvoll und streng
blicken die dunklen Heiligenbilder im gelben Lichte der Wachskerzen. Der warme Hauch des
Wachses und des Weihrauchs füllt die Kirche mit majestätischer Trauer.

Jewgenia Stepanowna zündet vor dem Muttergottesbild eine Kerze an und kniet nieder. Sie
betet aber zerstreut. Sie blickt auf ihre Kerze. Die Flamme zittert. Die Kerzen werfen auf das
schwarze Kleid und auf den Fußboden Schatten und flackern, als wenn sie etwas verneinten.

Die Schatten huschen über die Kirchenwände und verschwinden oben in der hohen Wölbung,
wo die feierlichen und traurigen Gesänge widerhallen.

XXVI.

Eine andere Nacht.

Wolodja ist erwacht. Das Dunkel umdrängt ihn und bewegt sich lautlos...

Wolodja hat die Hände unter der Bettdecke befreit. Er hebt und bewegt sie und starrt sie an. Er kann im Finstern seine Hände nicht sehen. Es kommt ihm aber vor, als bewegten sich dunkle Massen vor seinen Augen...

Geheimnisvolle schwarze Massen, die den Schmerz und das Stammeln der Einsamkeit und des Grams mit sich tragen...

Auch die Mutter kann nicht einschlafen. Eine bange Unruhe quält sie.

Die Mutter zündet die Kerze an und geht leise ins Zimmer ihres Sohnes, um zu sehen, wie er schläft.

Leise macht sie die Türe auf und wirft einen ängstlichen Blick auf Wolodjas Bett... Ein gelber Lichtstrahl fällt plötzlich quer über die rote Bettdecke Wolodjas und erzittert an der Wand. Wolodja streckt die Arme zum Lichte aus und verfolgt mit Herzklopfen die Schatten. Er fragt sich gar nicht: Woher kommt das Licht?

Er ist ganz im Banne der Schatten. Seine wahnsinnigen Augen sind an die Wand gefesselt.

Der Lichtstreif wird breiter, und die Schatten eilen finster, gebeugt, wie obdachlose Bettelweiber, die den alten Kram, den sie auf ihren Rücken schleppen, so schnell als möglich irgendwohin bringen müssen.

Die Mutter tritt, vor Angst zitternd, vor das Bett und ruft leise:

»Wolodja!«

Wolodja erwacht. Eine Welle blickt er die Mutter mit großen Augen an. Dann erzittert er am ganzen Körper, springt aus dem Bett, stürzt ihr zu Füßen, umschlingt ihre Knie und schluchzt.

»Was für Träume du hast, Wolodja!« ruft die Mutter traurig aus.

XXVII.

»Wolodja,« sagt die Mutter beim Morgentee, »so geht es nicht weiter, mein Kind! Du richtest dich zugrunde, wenn du auch bei Nacht den Schatten nachstellst.«

Der blasse Junge läßt den Kopf traurig sinken. Seine Lippen zittern nervös.

»Weißt du, was wir tun wollen?« fährt die Mutter fort. »Wir werden uns jeden Abend zusammen ein wenig mit den Schatten abgeben und dann die Aufgaben machen. Gut?

Wolodja wurde ein wenig lebendiger.

»Mutter, du bist so gut!« sagte er schüchtern.

XXVIII.

Wolodja fühlte sich auf der Straße matt und ängstlich. Ein Nebel hüllte alles ein, und es war kalt und traurig. Die Häuser nahmen im Nebel seltsame Umrisse an, und die Menschen bewegten sich durch den Nebelschleier wie unfreundliche, unheilkündende Schatten. Alles erschien ins Riesenhafte verzerrt und ungewöhnlich. Das Pferd des Droschkenkutschers, der an der Straßenecke schlummerte, ragte aus dem Nebel wie ein Riesenungeheuer hervor.

Ein Schutzmann blickte Wolodja feindselig an. Ein Rabe, der auf dem Dache eines niedern Hauses saß, kündete Trauer. Die Trauer war aber schon in Wolodjas Herzen. Es kränkte ihn, zu sehen, wie feindlich ihm alles war.

Ein Hündchen mit stellenweise kahlem Fell bellte ihn aus einem Torwege an, und das kränkte ihn ebenfalls.

Auch die Straßenjungen wollten ihn wohl verhöhnen und beleidigen. Früher einmal hätte er mit ihnen ordentlich abgerechnet. Jetzt aber war sein Herz von Angst erdrückt, die seine Arme ohnmächtig machte...

Als Wolodja nach Hause kam, blickte ihn Praskowja, die ihm die Türe aufgemacht hatte, finster und feindselig an. Wolodja fühlte sich sehr unbehaglich. Er legte schnell Mantel und Mütze ab und ging auf sein Zimmer. Er wagte nicht, Praskowja ins Gesicht zu schauen.

XXIX.

Die Mutter saß allein in ihrem Zimmer. Es dämmerte, und sie langweilte sich.

Irgendwo huschte ein Licht vorbei.

Wolodja kam herbeigelaufen, lebhaft und lustig, mit weit aufgerissenen, wilden Augen. »Mutter, die Lampe brennt schon, wollen wir ein wenig spielen!«

Die Mutter lächelte und folgte ihm.

»Mutter, ich habe eine neue Figur erdacht,« sagte Wolodja erregt und stellte die Lampe auf. »Schau nur... Siehst du? Das ist eine schneeverwehte Steppe, es schneit, es ist ein Schneesturm.«

Wolodja hebt die Hände und legt die Finger zusammen.

»Siehst du? Da ist ein alter Wanderer. Er versinkt bis zu den Knien im Schnee. Es ist ihm so schwer zu gehen. Er ist allein im weiten Feld, und vom Dorf ist nichts zu sehen. Er ist müde; er friert und hat Angst. Er geht tief gebückt, denn er ist sehr alt.«

Die Mutter richtet Wolodjas Finger.

»Ach,« ruft Wolodja entzückt aus. »Der Wind reißt ihm die Mütze vom Kopf, fährt ihm durchs Haar und begräbt ihn im Schnee. Die Schneehaufen werden immer größer. Mutter, Mutter, hörst du es?«

»Er ist der Sturm...«

»Und er?«

»Der Alte?«

»Hörst du, er stöhnt!«

»Hilfe!«

Beide sind blaß und blicken auf die Wand. Wolodjas Hände zittern. Der Alte fällt um.

Die Mutter kam zuerst zur Besinnung.

»Und jetzt gehen wir an die Arbeit!« sagte sie.

XXX.

Ein Vormittag. Die Mutter ist allein zu Hause. In wirre Gedanken vertieft, irrt sie von Zimmer zu Zimmer. An der weißen Türe sieht sie ihren eigenen Schatten. Er ist im zerstreuten Lichte der durch den Nebel durchscheinenden Sonne verschwommen. Die Mutter bleibt vor der Türe stehen und hebt die Hand mit seltsamer Gebärde. Der Schatten an der Türe erzittert und raunt ihr etwas Bekanntes und Trauriges zu. Jewgenia Stepanownas Herz ist von einer seltsamen Wonne erfüllt. Sie bewegt, vor der Türe stehend, beide Hände und beobachtet mit wahnsinnigem Lächeln das Gleiten des Schattens.

In der Nähe ertönten Praskowjas Schritte, und Jewgenia Stepanowna kam zur Besinnung und sah, daß sie etwas Unsinniges machte...

Und wieder ist es ihr so bange zumute...

»Wir müssen in eine andere Umgebung kommen,« denkt sie sich: »Weit von hier fortreisen, irgendwohin, wo es Neues gibt...

»Fliehen, fliehen...«

Plötzlich fallen ihr Wolodjas Worte ein:

»Auch dort wird eine Wand sein... Überall sind Wände.«

»Es gibt keinen Ort, wohin ich entfliehen könnte!«

Verzweifelt ringt sie die blassen, schönen Hände.

XXXI. Abend.

In Wolodjas Zimmer steht auf dem Fußboden eine brennende Lampe. Auf dem Boden hinter der Lampe kauern die Mutter und Wolodja. Sie blicken auf die Wand und machen mit den Händen seltsame Bewegungen...

Über die Wand huschen und schwanken Schatten.

Wolodja und die Mutter verstehen sie. Sie lächeln traurig und erzählen einander etwas Qualvolles und Unmögliches. Ihre Gesichter sind friedlich, ihre Träume heiter. Ihre Freude ist von hoffnungsloser Trauer, und ihre Trauer von wilder Freude erfüllt.

In ihren Augen leuchtet der Wahnsinn, der selige Wahnsinn...

Und über sie senkt sich die Nacht.

Der Stachel des Todes

Aber der Stachel des Todes
ist die Sünde.
I. Korinther, 15, 56

I.

Zwei Jungen, die mit ihren Eltern in der Sommerfrische wohnten, verkrochen sich ins Dickicht am Ufer des Flusses und angelten. Der Fluß war seicht und rieselte über Steine dahin, so daß die Bauernkinder ihn an vielen Stellen leicht durchwaten konnten. Der sandige Grund war deutlich zu sehen.

Der eine der beiden kleinen Sommerfrischler angelte mit großer Aufmerksamkeit, der andere – zerstreut, wie wenn er an etwas anderes dächte. Der eine, Wanja Selenjew, erschien gleich auf den ersten Blick abstoßend, obwohl es schwer fiel zu sagen, was an ihm besonders häßlich war: die grüne Gesichtsfarbe? Die Asymmetrie seines Gesichtes? Die großen, dünnen, abstehenden Ohren? Die viel zu dicken schwarzen Brauen? Oder der Büschel schwarzer Haare, der ihm über der rechten Braue wuchs und dem er den Spottnamen der »Dreibrauige« zu verdanken hatte? Das alles wäre noch nicht so schlimm, wenn er nicht einen verzerrten heimtückischen bösen Gesichtsausdruck hätte. Er hielt sich gebückt und schnitt immer Grimassen. Die gebückte Haltung war ihm zur zweiten Natur geworden, und viele hielten ihn für buckelig. In der Tat war er aber gerade gewachsen, kräftig, geschickt und kühn, zuweilen sogar frech. Mit Vorliebe kletterte er auf Bäume und zerstörte Vogelnester; bei Gelegenheit verprügelte er gerne die Jüngeren. Seine Kleider waren abgetragen und geflickt.

Der andere, Kolja Gljebow, erschien gleich auf den ersten Blick hübsch, obwohl er, genau genommen, weder streng regelmäßige Züge noch einen besonders feinen Gesichtsausdruck hatte. Er hatte ein zartes, weißes Gesicht und war immer lustig. Wenn er lachte, bildete sich unter seinem Kinn eine kleine Schwellung, und das war an ihm besonders hübsch. Seine Mutter küßte ihn gerne auf diese Stelle unter dem Kinn. Er war immer hübsch und sauber gekleidet: er trug eine Matrosenjacke, kurze Höschen, schwarze Strümpfe und gelbe Schuhe. Sein Vater war Seeoffizier und befand sich mit seinem Schiff irgendwo auf weiter Fahrt. Kolja war mit seiner Mutter in der Sommerfrische.

Neben den Jungen standen zwei mit Wasser gefüllte Blecheimer, in die sie die gefangenen Fische warfen. Sie hatten aber mit dem Angeln kein rechtes Glück...

»Ein hübsches Plätzchen!« sagte Kolja mit zarter, heller Stimme.

»Was ist denn hübsch daran?« entgegnete Wanja mit seinem heiseren Knabenbaß, sonderbar die Achseln zuckend.

»So furchtbar steil ist der Abhang,« sagte Kolja, mit einer Bewegung des Kinns auf das gegenüberliegende Ufer zeigend, »und die jungen Birken kleben an ihm. Wie sie sich nur halten können!«

»Das Wasser wird sie schon einmal herunterspülen,« sagte Wanja mit seinem Baß, »der Abhang wird in den Fluß rutschen.«

»Warum nicht gar!« rief Kolja ungläubig aus und blickte Wanja so an, als flehte er ihn an, es nicht zuzulassen.

»Es wird doch so kommen!« sagte Wanja mit bösem Lächeln.

Kolja blickte traurig zum Abhang hinüber: die dicken roten Lehmschichten türmten sich hoch übereinander und sahen so aus, wie wenn sie seitwärts mit einem Riesenspaten abgeschnitten wären. Kaum merkliche Sprünge trennten hie und da die Schichten voneinander. An einzelnen Stellen unten am Wasser waren kleine Vertiefungen zu sehen, die wohl der Fluß herausgespült hatte. Das Wasser floß klar und durchsichtig dahin und schmiegte sich zärtlich an den mächtigen Abhang.

– Das Wasser ist schlau, – sagte sich Kolja, – es leckt das Ufer ganz allmählich weg. Aber ich kann nicht recht glauben, daß diese ganze Riesenwand mit allen den lustigen Birken in den Fluß stürzen wird! –

»Nun, das wird nicht so bald kommen,« sagte er laut.

Die beiden Jungen schwiegen eine Weile. Und wieder erklang Koljas zarte und freundliche Stimme:

»Auch im Walde ist es so schön! Es duftet nach Harz.«

»Nach Terpentin,« bemerkte Wanja.

»Nein, es duftet so schön!« rief Kolja freudig aus. »Morgens sah ich ein Eichhörnchen. Anfangs lief es über die Erde, dann kletterte es so schnell eine Fichte hinauf, daß der Schwanz nur so flimmerte.«

»Und ich sah eine tote Krähe unter einem Busch liegen,« erklärte Wanja. »Weißt du, dort,« sagte er, mit dem Kopf und den Schultern auf die Seite zeigend, wobei sich sein ganzer Körper wie im Krämpfe krümmte. »Ich habe mir die Stelle gemerkt.«

»Wozu?« fragte Kolja erstaunt.

»Ich bringe die Krähe nach Hause,« erklärte Wanja, »und lege sie der Marfa ins Bett.«

»Sie wird ja erschrecken!« sagte Kolja ängstlich.

»Die Krähe? Sie ist ja tot, mein Lieber!« sagte Wanja mit solcher Schadenfreude, als wäre er glücklich, daß die Krähe tot sei.

»Nein, nicht die Krähe, sondern Marfa!« sagte Kolja mit leisem Lächeln, die lustigen Augen ein wenig zusammenkneifend, was seinem zarten Gesicht einen süßsauern Ausdruck, der irgendwie an Berberitzen erinnerte, verlieh.

»Ach so!« sagte Wanja gedehnt. »Ich glaubte, du meintest, die Krähe würde vor der Marfa erschrecken. Marfa ist so häßlich wie die Sünde. Meine Mutter hält sich niemals hübsche Dienstboten: sie ist auf den Vater eifersüchtig.«

»So, eifersüchtig!«

Kolja sprach das ihm nicht ganz verständliche Wort gedehnt aus, als lauschte er seinem Klange.

»Sie fürchtet, daß er sich in ein Dienstmädchen verliebt,« erklärte Wanja lachend. »Als ob er sich nicht auch eine außer dem Hause anschaffen kann!« fügte er schadenfroh hinzu.

Sie schwiegen wieder eine Weile. Und Kolja begann von neuem, aber schon etwas unsicher:

»Wie schön doch die Wiese dort rechts ist! Da gibt es so viel Blumen, und sie sind alle verschieden, ganz bunt ist die Wiese. Und sie duften so schön.«

Wanja blickte ihn verdrießlich an und brummte:

»Und überall haben die Kühe hingemacht.«

»Dir kann man es wohl gar nicht recht machen,« sagte Kolja und lächelte wieder so, daß sein Gesicht einen süßsauren Ausdruck annahm.

»Ich mag keine Gefühlsduseleien,« sagte Wanja. »Ich mag lieber rauchen und trinken.«

»Trinken?« fragte Kolja erstaunt und entsetzt.

»Na ja, Wein oder Schnaps,« sagte Wanja mit geheuchelter Ruhe und blickte Kolja mit boshafter Grimasse von der Seite an.

»Wir dürfen doch keinen Wein trinken,« entgegnete Kolja mit vor Entsetzen bebender Stimme. »Das tun nur die Erwachsenen, und auch das ist nicht schön.«

»Das ist alles nicht wahr,« antwortete Wanja entschieden. »Sie haben allerlei Vorschriften erdacht, um uns in ihrer Gewalt zu haben. Die Eltern bilden sich ein, daß wir ihr Eigentum seien. Sie tun mit uns alles, was ihnen paßt.«

»Das Trinken ist ja auch schädlich, man kann davon krank werden,« wandte Kolja ein.

Wanja blickte ihn so seltsam an, daß er ganz wirr wurde. In Wanjas hellen, gleichsam durchsichtigen Augen flammten bernsteingelbe Funken auf.

»Was?« fragte er lächelnd und das Gesicht verziehend.

Kolja konnte seinen Blick von Wanjas Augen nicht losreißen, und vergaß, was er hatte sagen wollen. Wanjas Augen flößten ihm Unruhe ein, und ihr durchsichtiger Glanz trübte gleichsam sein Gedächtnis.

Er besann sich schließlich mit großer Anstrengung und sagte:

»Mamachen wird böse sein.«

»Mamachen!« wiederholte Wanja voller Verachtung.

»Wie kann man nur Mamachen nicht folgen?« fragte Kolja unsicher.

Wanja blickte ihn wieder an. Seine hellen, durchsichtigen Augen erschienen Kolja so merkwürdig und widerwärtig, und es wurde ihm ganz bange zumute. Wanja aber sagte, die Koseworte mit tiefer Verachtung betonend:

»Nehmen wir an, daß Mamachen dich liebt. Willst du denn immer Mamachens Püppchen sein? Ich tue aber alles lieber nach meinem Willen. Die Freiheit ist doch was ganz anderes, mein Lieber! Sie ist etwas anderes, als an den Blümchen zu riechen und für Mamachen Sträußchen zu pflücken. Was soll ich noch viel mit dir reden?! Es gefällt dir ja hier so gut.«

»Ja, gewiß,« sagte Kolja mit stiller Freude.

»Na ja, aber wir wollen nicht mehr lange hier bleiben,« sagte Wanja lebhaft, seine schmalen Schultern zuckend. »Ganz gleich, ob es schön ist, oder nicht: wir wollen noch eine Weile spielen und dann in die Stadt gehen, um Staub zu schlucken.«

Kolja schwieg. Er dachte jetzt an sein Mamachen.

Mamachen liebt ihren Kolja. Sie ist so freundlich und so lustig. Sie hat aber ihr eigenes Leben. Sie liebt die Gesellschaft der vergnügten jungen Leute, die sie oft besuchen, immer lachen, viel und lustig sprechen, Kolja liebkosen und manchmal auch über ihn scherzen. Kolja langweilt sich nicht in ihrer Gesellschaft, denn er ist ja auch selbst lustig, gesprächig und zutraulich. Sie sind ihm aber alle so fremd und fern und verdecken gleichsam sein Mamachen vor ihm.

»Die Fische wollen heute nicht anbeißen,« sagte Wanja. »Es ist auch Zeit, nach Hause zu gehen. Komm abends an den Waldrand.«

»Gut,« sagte Kolja.

II.

Die Jungen trugen ihre Eimer und Angeln nach Hause.

Sie gingen durch die Dorfstraße. Die Häuser standen eng beieinander und sahen ärmlich und schmutzig aus. Hinter ihnen rauschte der Fluß. Schmutzige und abgerissene Bauernkinder spielten vor den Häusern, fluchten mit rohen und schrecklichen Worten und weinten. Sonst haben ja fast alle Kinder schöne Hände und Füße; aber die ihrigen waren so schmutzig, daß es traurig und ekelhaft war, sie anzuschauen.

Auf der Bank vor einer der Sommerwohnungen saß ein neugieriger Herr in blauem Hemd unter dem Rock und in hohen Stiefeln. Er sprach alle Vorbeigehenden an.

»Haben Sie viel gefangen?« fragte er Kolja.

Kolja zeigte ihm zutraulich seinen Eimer mit den Fischen.

»Es ist nicht viel,« sagte der Herr. »Wo wohnen Sie?«

»Dort auf dem Hügel, im Hause des Jesim Gorbatschow,« antwortete Kolja.

»Ach so, bei Ufischka Gorbatschek!« sagte der Herr.

Kolja lachte.

»Wohnen Sie mit Ihrem Vater da?« fragte der neugierige Herr.

»Nein, mit meiner Mama,« antwortete Kolja. »Mein Vater ist im Auslande. Er ist Seeoffizier.«

»Und Ihre Mama langweilt sich wohl?« fragte der Neugierige.

Kolja blickte ihn erstaunt an und dachte eine Weile nach.

»Meine Mama?« sagte er langsam. »Nein, sie spielt ja! Es wird hier bald eine Liebhabervorstellung geben, und sie spielt mit.«

Wanja ging indessen eine Strecke weiter und kehrte wieder um.

»Gehen wir doch« sagte er zu Kolja, den neugierigen Herrn böse anschauend.

Die Jungen gingen weiter. Wanja zeigte mit einer sonderbaren Bewegung der Schultern und der Ellbogen nach rückwärts auf den neugierigen Herrn und sagte:

»Dieser Herr fragt alle Leute aus, und ist wohl ein großer Lump. Er erkundigt sich nach den Eltern und nach allen Dingen; wahrscheinlich schreibt er in den Zeitungen. Ich habe ihn ordentlich angelogen.«

In Wanjas scharfen durchsichtigen Augen flammten wieder die bernsteingelben Funken auf.

»Wirklich?« fragte Kolja belustigt.

»Ich habe ihm gesagt, daß mein Vater bei der Geheimpolizei angestellt ist,« berichtete Wanja. »Nun hat er vor mir furchtbare Angst.«

»Warum?« fragte Kolja.

»Ich habe ihm gesagt, daß mein Vater hier einem Verbrecher auf der Spur ist.«

»Ist er denn ein Verbrecher?« fragte Kolja lachend.

»Ich habe ihm den Verbrecher so beschrieben, daß alles genau auf ihn paßt,« erklärte Wanja. »Darum hat er solche Angst.«

Beide Jungen lachten.

Vor Wanjas Wohnung verabschiedeten sie sich.

Wanjas Mutter stand im Garten, die Hände in die Hüften gestemmt, und rauchte. Sie war groß, dick und rot, und ihr Gesicht hatte einen stumpfen und wichtigen Ausdruck, wie ihn viele Gewohnheitsraucher haben. Kolja fürchtete Wanjas Mutter.

Sie blickte Kolja streng an, und Kolja fühlte sich auf einmal ungemütlich.

»Komm also heut abend hin!« sagte Wanja.

Kolja lief schnell nach Hause.

»Nette Freunde,« sagte Wanjas Mutter böse. »Man sollte euch beide...«

Sie hatte zwar gar keinen Grund, zu zürnen und zu schimpfen, aber sie war es einmal so gewohnt.

III.

Am Nachmittag trafen sich die beiden Jungen auf der Landstraße, wo sie in den Wald einmündet.

»Weißt du was?« sagte Wanja. »Ich muß dir ein Plätzchen zeigen.«

Koljas zutraulichen Augen leuchteten plötzlich vor Neugier auf.

»Zeig!« sagte er entzückt, sich schon im voraus auf das Geheimnisvolle und Ungewöhnliche freuend.

»Ich weiß ein Plätzchen, wo uns niemand finden kann,« sagte Wanja.

»Werden wir uns auch nicht verirren?« fragte Kolja.

Wanja blickte ihn verächtlich an.

»Wenn du Angst hast, so bleibe da,« sagte er wegwerfend.

Kolja errötete.

»Ich habe keine Angst,« sagte er beleidigt, »wenn wir aber zu weit gehen, wird uns vor Hunger der Magen knurren.«

»Der Magen wird nicht knurren, es ist nicht weit,« sagte Wanja bestimmt.

Die Jungen liefen ins Waldesdickicht.

Der Wald um sie her wurde immer dunkler und wilder. Es war so unheimlich still...

Bald kamen sie an den Rand eines breiten und tiefen Grabens. Man hörte unten ein Wasser rieseln, doch der Graben war oben so sehr mit Gestrüpp verwachsen, daß man vom Bach nichts sehen konnte und es ganz unmöglich schien, auf den Grund zu gelangen. Aber die Jungen krochen hinunter. Hier kletterten sie, sich an den Zweigen festhaltend, dort rollten sie den Abhang hinunter. Die Zweige hakten sich an ihre Kleider fest und peitschten sie ins Gesicht. Durch das dichte Gestrüpp mußten sie sich mit großer Mühe mit den Händen durcharbeiten. Viele Zweige waren trocken und mit Dornen besetzt, und man konnte sich beim Abstieg unmöglich in acht nehmen, um Gesicht und Hände nicht zu zerkratzen. Stellenweise kamen sie auf dichtes unangenehm klebriges Spinnengewebe. »Wie leicht kann man sich hier zerschinden,« sagte Kolja ängstlich.

»Macht nichts,« rief Wanja aus, »es ist kein Unglück!«

Er war schon weit voraus, Kolja aber kletterte noch mit großer Mühe.

Je tiefer sie hinunterstiegen, um so feuchter wurde es. Kolja verdroß es, daß seine gelben Schuhe und Hände vom nassen Lehm schmutzig wurden.

Endlich kamen sie in eine enge, dunkle Mulde. Der Bach plätscherte an den Steinen und sang eine stille, girrende Weise. Es war feucht, aber recht nett. Alles, – die Menschen und der Himmel – schien in ferner Höhe zu schweben: sie hatten den Eindruck, daß niemand herkommen und sie hier sehen würde...

Kolja beugte sich zurück und betrachtete bekümmert sein Höschen. Es war zerrissen. Er ärgerte sich.

– Was wird die Mutter dazu sagen? – fragte er sich traurig.

»Es ist kein großes Unglück!« sagte Wanja.

»Das Höschen ist aber neu,« sagte Kolja mit klagender Stimme.

Wanja lachte auf.

»Mein ganzer Anzug besteht aus lauter Flicken,« sagte er. »Meine guten Kleider darf ich hier nicht anziehen. Der Wald ist kein Salon. Es hat keinen Sinn, hier seine guten Kleider zu tragen.«

Kolja seufzte auf. – Ach, wenn ich mir doch wenigstens die Hände waschen könnte! – dachte er sich.

So lange er sie auch mit dem kalten Wasser wusch, sie blieben doch immer rot vor Lehm.

»So klebrig ist hier der Lehm!« sagte Wanja sorglos.

Er zog die Stiefel aus, setzte sich auf einen Stein und ließ die Füße ins Wasser hinunterhängen.

»Du hast dir den Anzug zerrissen, hast dich beschmutzt, hast dir die Füße und die Hände zerkratzt,« sagte Wanja »aber das alles ist kein Unglück, mein Lieber! Dafür gehst du nicht mehr am Gängelband, sondern tust alles, was du willst.«

Er schwieg eine Weile und sagte dann plötzlich mit einem Lächeln:

»Schön wäre es, hierher auf Flügeln herunterzufliegen!«

»Schade, daß wir kein Stare sind,« sagte Kolja belustigt.

»Wir werden doch noch einmal fliegen!« erklärte Wanja mit seltsam überzeugter Stimme.

»Wieso denn?« entgegnete Kolja ungläubig.

»Ich fliege auch jetzt schon jede Nacht,« erzählte Wanja, »fast jede Nacht. Sobald ich mich hinlege, fange ich gleich zu fliegen an. Am Tage kann ich es aber noch nicht. Vielleicht, weil ich am Tage Angst habe? Das kann ich nicht begreifen.«

Er wurde nachdenklich.

»Wir haben ja keine Flügel,« sagte Kolja.

»Was braucht man Flügel? Nicht auf die Flügel kommt es an!« erwiderte Wanja nachdenklich, aufmerksam das zu seinen Füßen rieselnde Wasser betrachtend.

»Worauf kommt es denn an?« fragte Kolja.

Wanja sah ihn lange mit seinen bösen, durchsichtigen Augen an und sagte leise:

»Das kannst du noch nicht verstehen.«

Er lachte unheimlich hell wie eine Nixe und begann Gesichter zu schneiden.

»Was schneidest du solche Grimassen?« fragte Kolja schüchtern.

»Warum? Ist es denn nicht schön?« entgegnete Wanja sorglos, noch immer das Gesicht verziehend.

»Ja, es erschreckt mich,« sagte Kolja mit süßsaurem Lächeln.

Wanja hörte auf, Grimassen zu schneiden, setzte sich ruhig hin und blickte nachdenklich auf den Wald, das Wasser und den Himmel.

»Es gibt nichts Schreckliches,« sagte er leise. »Früher glaubte man an die Teufel und allerlei Spuk. Heute gibt's das alles nicht mehr, mein Lieber. Es gibt nichts Schreckliches,« wiederholte er leise und fuhr kaum hörbar fort: »außer dem Menschen. Der Mensch ist dem Menschen ein Wolf!« Diesen Ausspruch hatte er oft von seinem Vater gehört.

IV.

Wanja holte aus der Tasche lachend ein angefangenes Päckchen Zigaretten.

»Wir wollen ein wenig rauchen,« sagte er.

»Ach, nein, das geht doch nicht!« rief Kolja entsetzt aus.

Wanja seufzte auf und sagte:

»Wir Kinder sind das Gehorchen allzu gewohnt, – wir haben es von unsern Vätern gelernt. Die Erwachsenen sind alle furchtbar gehorsam, sie tun alles, was ihnen der Vorgesetzte befiehlt. Das Weibervolk hat viel mehr freien Willen.«

Er schwieg eine Weile und sagte etwas spöttisch in überzeugendem Ton:

»Ach du, du magst keinen Tabak! aber du liebst doch Blumen, Kräuter und Blätter?« fragte Wanja.

»Ja,« sagte Kolja unsicher.

»Der Tabak ist ja auch ein Kraut!«

Wanja blickte ihn mit seinen durchsichtigen Nixenaugen an und reichte ihm lächelnd eine Zigarette.

»Hier, nimm!« sagte er.

Vom durchsichtigen Glanze Wanjas heller Augen bezaubert, streckte Kolja die Hand zögernd nach der Zigarette aus.

»Ja, so ist's recht,« sagte Wanja ermunternd. »Versuch's nur einmal, du wirst bald selbst sehen, wie schön es ist.«

Er holte aus einer seiner tiefen, mit allerlei unnützem Kram angefüllten Taschen Zündhölzer hervor und steckte beide Zigaretten an. Die Jungen fingen zu rauchen an, – Wanja wie ein Gewohnheitsraucher, Kolja mit besorgtem Gesicht. Aber schon der erste Zug geriet ihm in die unrechte Kehle. Es war ihm, wie wenn in seiner Brust und Kehle eine Feuerwolke aufginge, und Funken flimmerten ihm vor den Augen. Er ließ die Zigarette fallen.

»Nun, was hast du denn?« fragte Wanja.

»Es ist bitter,« flüsterte Kolja verlegen. »Ich kann es nicht.«

»Ach du, Zärtling!« sagte Wanja verächtlich. »Rauche doch wenigstens die eine Zigarette zu Ende. Rauche langsam, atme den Rauch nicht zu tief ein, so wirst du dich allmählich gewöhnen.«

Kolja steckte die Zigarette automatisch wieder in den Mund. Er saß auf der Erde, lehnte sich mit dem Rücken an einen Baum und rauchte, bleich, mit Tränen in den Augen. Mit großer Anstrengung rauchte er die Zigarette zu Ende. Er hatte Kopfweh und Übelkeit. Er legte sich auf die Erde, und die Bäume über ihm bewegten sich langsam im Kreise...

Wanja erzählte etwas. Seine Worte drangen kaum in Koljas getrübtes Bewußtsein.

»Wenn man allein ist,« sagte Wanja, »kann man sich ein furchtbar angenehmes Gefühl verschaffen.«

»Wie denn?« fragte Kolja mit schwacher Stimme.

»Man träumt, man malt sich allerlei aus ... Das wirst du aber noch nicht verstehen ... Ich will es dir ein anderes Mal erklären ... Komm bald wieder her. Wollen wir uns hier immer treffen,« sagte Wanja bittend.

Kolja wollte nein sagen, konnte es aber nicht.

»Gut!« sagte er tonlos.

V.

Kolja zeigte seiner Mutter bekümmert die zerrissene Hose. Die Mutter lachte, als sie sein betrübtes Gesicht sah: sie war heute besonders gutgelaunt, weil man ihr für die Liebhabervorstellung gerade die Rolle zugewiesen hatte, die sie so gerne spielen wollte.

»Sei in Zukunft vorsichtiger!« sagte sie Kolja. »Nun ist die neue Hose hin.«

Kolja lächelte schuldbewußt, und die Mutter merkte sofort, daß er noch etwas auf dem Gewissen hatte. Die Mutter nahm ihn am Kinn und hob seinen Kopf in die Höhe.

»Warum bist du so blaß?« fragte sie.

Kolja errötete, befreite sein Kinn aus der Hand der Mutter und ließ den Kopf hängen.

»Was ist denn das?« sagte sie streng, sich über ihn beugend.

Kolja roch nach Tabak.

»Kolja!« schrie die Mutter zornig auf. »Was ist denn das? Du riechst ja nach Tabak! Es ist für dich zu früh, mein Lieber!«

Kolja begann zu weinen.

»Ich habe ja nur eine einzige Zigarette geraucht,« gestand er mit schuldbewußter, dünner Stimme.

Die Mutter ärgerte sich, war aber zugleich auch belustigt.

»Warum verkehrst du auch mit dem garstigen Wanja? Mit dem ekelhaften grünen Frosch?« fragte die Mutter ärgerlich.

»Ich will nicht mehr rauchen,« sagte Kolja weinend. »Ihm erlaubt es aber sein Vater.«

»Das ist gut!« sagte die Mutter empört.

»Er ist ja ein guter Junge und kann hoch nichts dafür, daß man es ihm erlaubt!« beteuerte Kolja.

»Ach, du, Raucher!« sagte die Mutter. »Das soll mir nie wieder vorkommen! Hörst du?«

VI.

In dieser Nacht sah Kolja im Traume die Krähe. Sie war so widerlich und schrecklich. Kolja erwachte. Es war noch Nacht, eine helle nordische Nacht.

Dann sah er im Traume Wanja mit seinen hellen Augen. Wanja blickte ihn unverwandt an und sagte etwas Unverständliches, – Kolja bekam Herzklopfen und erwachte.

Später träumte ihm, daß er sich von seinem Bett erhoben hätte und unter der Zimmerdecke stiege. Das Herz stand ihm still. Er hatte ein schwindelnd süßes Gefühl. Sein Körper schwebte ohne die geringste Mühe durch die Luft. Er fürchtete nur, an die Wand über den Türen anzustoßen. Es lief aber glücklich ab, – Kolja flog, wo es nötig war, tiefer und schwebte im nächsten Zimmer wieder zur dunklen Decke hinauf. Es waren viele Zimmer, eines immer höher als das andere, und sein Flug war immer schneller und schwindelnder. Endlich öffnete sich vor ihm lautlos ein großes, dunkles Fenster, er flog in den freien Raum hinaus, stieg in den Himmel, kreiste eine Zeitlang mit unsagbarer Wonne in der abgrundtiefen Hohe, stürzte ab, fiel zu Boden und erwachte.

VII.

Am nächsten Tag kam Kolja, ohne es zu wollen, wieder in den Graben. Er mochte gar nicht hingehen. Ging aber doch hin, wie aus alter Gewohnheit.

Die beiden Jungen sprachen miteinander, fern von allen Menschen...

»Du hast gestern gesagt...« begann Kolja schüchtern.

»Was denn?« fragte Wanja böse und zuckte zusammen.

»Daß du allerlei träumen kannst...«

»Das meinst du also!« sagte Wanja gedehnt.

Er setzte sich auf einen Stein, umschlang seine Knie mit den Händen und richtete den unbeweglichen Blick in die Ferne. Und Kolja fragte wieder:

»Was träumst du denn?«

Wanja schwieg eine Weile, seufzte auf, wandte sich zu Kolja um, blickte ihn mit seltsamem Lächeln an und sagte:

»Nun, von verschiedenen Dingen. Am besten von etwas Unanständigem. Wie schwer man dich auch gekränkt hat, wie zornig du auch bist, sobald du die Spieldose aufgezogen hast, vergißt du sofort alles Böse!«

»Die Spieldose?« fragte Kolja.

»Ich nenne es, eine Spieldose aufziehen,« erklärte Wanja. »Leider spielt sie viel zu kurz.«

»Zu kurz?« fragte Kolja mitleidig und interessiert.

»Man wird dabei schnell müde,« sagte Wanja.

Er sank plötzlich zusammen und blickte mit müden, schläfrigen Augen vor sich hin.

»Was malst du dir aber aus?« drang Kolja in ihn ein.

Wanja verzog das Gesicht zu einem schiefen Lächeln und zuckte die Achseln...

So sprachen sie, fern von allen Menschen, von seltsamen Träumen, von grausamen und schwülen Dingen...

Und ihre Gesichter flammten...

Wanja schwieg eine Weile und brachte die Rede auf etwas anderes.

»Einmal habe ich drei Tage lang nichts gegessen,« sagte er. »Der Vater hatte mich so ohne jeden Grund verprügelt, und ich wurde furchtbar böse. Wartet einmal, sagte ich mir, ich will euch ordentlich Angst machen. Und ich aß drei Tage nichts.«

»Was du nicht sagst!« rief Kolja aus, seine gläubigen Augen weit aufreißend. »Nun, wie war es denn?«

»Vor Hunger drehte sich mir der Magen um,« berichtete Wanja. »Die Eltern erschraken. Sie fingen mich wieder zu prügeln an.«

»Nun, und weiter?« fragte Kolja.

Wanja runzelte die Stirne und ballte die Fäuste.

»Ich hielt es schließlich doch nicht aus,« sagte er finster, »und aß mich satt. Ich war vor Hunger furchtbar schwach geworden. Also stürzte ich über das Essen her... Man sagt, daß der Mensch ohne Essen drei Wochen aushalten kann, aber trinken muß er. Ohne Wasser krepiert er bald. Weißt du was? Wollen wir morgen beide fasten!« sagte Wanja schnell.

Und er blickte Kolja mit seinen durchsichtigen, hellen Augen an.

»Gut,« sagte Kolja mit schwacher Stimme, die ihm selbst fremd vorkam.

»Du sollst aber nicht schwindeln!«

»Fällt mir gar nicht ein.«

Es duftete so schwül nach Moos, Farnkraut und Fichtennadeln. Kolja schwindelte der Kopf, eine lähmende Willenlosigkeit bemächtigte sich seiner. Er mußte plötzlich an seine Mutter denken, sie kam ihm aber fremd und fern vor, und er dachte an sie ganz ohne die zärtlichen Gefühle, die sich in ihm sonst immer beim Gedanken an sie regten.

»Meine Mutter wird wütend sein, sie wird ganz rot vor Zorn werden,« sagte Wanja ruhig. »Wenn sie sich aber zu sehr aufregt, laufe ich ihr davon in den Wald.«

Und plötzlich sagte er mit veränderter, lebhafter und lustiger Stimme: »Wollen wir hier den Bach durchwaten. Das Wasser ist so schön kalt.«

VIII.

Wanjas Vater, Iwan Petrowitsch Selenjew, seiner Bildung nach Jurist und seiner Natur nach ein Vieh, war am Ministerium angestellt. Er fuhr täglich mit dem ersten Morgenzug in den Dienst und kam gegen Abend, oft angeheitert heim. Er war ein rothaariger, wohlgenährter, lustiger und unbedeutender Patron. Alle seine Gedanken und Worte waren in hohem Grade banal. Er schien gar kein eigenes Gesicht und überhaupt nichts Echtes und Eigenes an sich zu haben. Wenn er etwas erzählte, blinzelte er meistens an den unpassendsten Stellen mit den Augen. Er sang mit falscher Stimme Operettenarien, die gerade in Mode waren. Er trug einen Ring mit falschem Stein und eine Krawattennadel mit einem Glasbrillanten. Er führte gerne freiheitliche Reden im Munde, gebrauchte mit Vorliebe hochtönende Motte und verurteilte die Machthaber. Im Dienste war er aber fleißig, kriecherisch und sogar gemein.

Die Familie aß spät zu Mittag. Selenjew, trank beim Essen Bier und gab auch Wanja davon. Wanja trank wie ein Erwachsener. Der Vater fragte ihn:

»Wanja, warum hast du dich eigentlich mit diesem Kadaver eingelassen?«

»Was ist denn dabei?« sagte Wanja grob. »Darf ich denn keine Bekanntschaften machen? Das wäre nicht schlecht!«

Wanjas Grobheit machte auf den Vater und die Mutter nicht den geringsten Eindruck. Sie merkten sie gar nicht. Sie waren dieses Benehmen schon gewohnt. Übrigens waren sie auch selbst grob.

»Man hört nichts als Klagen,« erklärte der Vater. »Warum gibst du ihm Zigaretten zu rauchen? Seine Mutter beschwert sich. Auch mir paßt das gar nicht: ich kann doch nicht alle Jungen mit meinen Zigaretten versorgen.«

»Er ist gar kein Kadaver. Er ist nur etwas gar zu manierlich. Aber er bringt es noch weit. Was mir am besten an ihm gefällt, ist, daß er so gehorsam ist.«

»Du bist mir ein tapferer Kämpfer,« sagte der Vater stolz, »paß auf, daß du immer die Oberhand behältst. Die Menschen sind alle furchtbare Biester,« sagte er mit seltsamer Selbstzufriedenheit. »Man soll mit ihnen nicht viel Federlesens machen. Wenn man zarte Rücksichten nimmt, beißen sie einem schnell die Gurgel durch.«

»Natürlich!« sagte die Mutter.

»Der Stärkere hat immer recht,« fuhr der Vater belehrend fort. »Es ist der Kampf ums Dasein. Das ist ein wichtiges Gesetz, mein Lieber!«

Selenjew steckte sich eine Zigarette an und blinzelte Wanja zu. Er tat es bloß aus Gewohnheit. Er dachte sich in diesem Augenblick gar nichts, was ein solches Zublinzeln notwendig machte. Wanja bat ihn:

»Gib mir eine Zigarette.«

Der Vater gab ihm eine. Wanja rauchte mit dem gleichen ruhigen und selbstbewußten Gesichtsausdruck, mit dem er eben Bier getrunken hatte. Die Mutter brummte unzufrieden:

»Nun raucht ihr beide die Stube voll!«

»Laß uns in den Garten gehen, mein Lieber,« sagte der Vater.

IX.

Kolja konnte lange nicht einschlafen. Er war seltsam erregt. Er dachte daran, was ihm Wanja von seinen Tagträumen erzählt hatte, und sie verlockten ihn, dasselbe zu träumen. Wie macht man es nur!

Am Morgen bat Kolja seine Mutter um Erlaubnis, heute nichts essen zu dürfen. Die Mutter war im ersten Augenblick sehr erschrocken.

»Was fehlt dir denn?« fragte sie ihn.

Als sie aber erfuhr, daß ihm nichts fehlte, und daß er einfach hungern wollte, wurde sie böse und erlaubte es ihm nicht.

»Das sind Wanjas Einfälle,« sagte sie. »Von diesem Gassenjungen kommt nichts Gutes.«

Kolja gestand, daß er mit Wanja ausgemacht hatte, heute den ganzen Tag nichts zu essen.

»Wie kann ich essen, wenn er hungert?« fragte er verlegen.

Aber die Mutter sagte sehr entschieden:

»Du darfst daran nicht einmal denken.«

Kolja fühlte sich tief unglücklich. Er versuchte zu fasten, aber die Mutter befahl ihm so streng zu essen, daß er ihr folgen mußte. Er aß und fühlte sich dabei schuldbeladen. Die Mutter runzelte die Stirne und lächelte.

Wanja aber hungerte den ganzen Tag. Seine Mutter sagte ihm vollkommen ruhig:

»Wenn du nicht fressen willst, so friß eben nicht. Du wirst daran nicht krepieren. Und wenn du auch krepierst, so ist der Verlust nicht schwer.«

Am Abend trafen sich die Jungen wieder im Graben.

Kolja fiel es auf, wie Wanjas Augen vor Hunger brannten, und wie mager sein Gesicht geworden war. Er blickte ihn mit zärtlichem Mitleid und tiefer Ehrfurcht an. Von dieser Stunde an war er Wanjas Sklave.

»Hast du gefressen?« fragte ihn Wanja.

Kolja machte eine schuldbewußte, süßsaure Miene.

»Man hat mich gezwungen,« sagte er schüchtern.

»Ach du!« sagte Wanja verächtlich.

X.

Wenn Koljas Mutter nicht so sehr mit den Proben für die Liebhabervorstellung beschäftigt gewesen wäre, hätte sie sicherlich die Veränderung an Kolja bemerkt und wäre erschrocken. Der sonst so lustige und freundliche Junge war plötzlich ein anderer geworden.

Kolja wurde immer öfter von bangen Stimmungen, die ihn bisher unbekannt gewesen warm, heimgesucht, und Wanja suchte diese Stimmungen zu verstärken, als wüßte er irgendeinen verderblichen und unwiderstehlichen Zauber. Er lockte Kolja in den Wald und übte im tiefen Waldesschatten seine Zauberkünste. Die Blicke seiner verderbten Augen flößten Kolja ein so tiefes Vergessen ein, daß er oft verständnislos, wie betäubt um sich blickte. Alles, was ihm früher freudig und lebendig erschienen war, kam ihm jetzt neu, fremd und feindselig vor. Selbst seine Mutter versank oft in das trübe Dunkel ferner Erinnerungen. Wenn er manchmal auch den Wunsch hatte, etwas von Mamachen zu sagen, fühlte er plötzlich, daß er keine Worte und selbst keine Gedanken an die Mutter hatte.

Auch die Natur war in seinen Augen so seltsam trüb und düster geworden. Alle ihre Umrisse waren verschwommen. Sie erschien ihm uninteressant und unnötig.

Von Wanjas Lockungen betört, rauchte er nun öfters, aber nie mehr als eine Zigarette auf einmal. Wanja gab ihm Pfefferminzpastillen, um den Tabakgeruch zu vertreiben. Vom Rauchen schwindelte es ihm jetzt nicht mehr so, wie am Anfang. Der Tabak wirkte aber immer verderblicher auf ihn ein: Kolja fühlte jedesmal nach dem Rauchen eine ungewöhnliche Leere und Gleichgültigkeit in der Seele. Wie wenn jemand mit leisen Diebeshänden seine Seele herausnähme und sie durch eine kalte und freie, leblos atmende und ewig ruhige Nixenseele ersetzte. Er kam sich daher selbst kühner und freier vor. Und er hatte nicht den Wunsch, an irgend etwas oder irgend jemand zu denken.

Kolja bekam vom Rauchen und von den nächtlichen Traumbildern blaue Ringe unter den Augen. Die Mutter merkte es, wurde unruhig und begann Kolja zu beobachten, bald wurde sie aber durch andere lustige und festliche Sorgen abgelenkt.

Selbst im Graben war es heiß. Und still. Als Kolja in den Wald kam, war Wanja noch nicht da.

Die Tannen und Fichten dufteten nach Harz, aber dieser Duft erfreute Kolja nur schwach und kurz. Sehr kurz. Es war, als ob die Seele auf den Gruß der ewig nahen, aber gleichgültig scheinenden Natur mit einer angewohnten Bewegung antwortete: sie wurde von plötzlicher Freude ergriffen, die sie aber gleich darauf ebenso plötzlich vergaß; sie vergaß wohl auch, daß es überhaupt eine Freude in der Welt gibt...

Der Bach rauschte kaum hörbar, wie fragend und erstaunt. Im Walde erklangen ab und zu leise Geräusche. Die Natur lebte, sich scheu verbergend und ihre unaufhaltsamen Triebe verheimlichend, ihr eigenes, unbekanntes und uns doch vertrautes Leben...

Kolja wartete. Ihn quälte Langeweile. Es waren viele Dinge, Töne und Bewegungen um ihm, die ihm einst so wert und lieb waren, jetzt erschien ihm aber alles leer. Und fern.

Kolja hörte ein fernes, leises Geräusch und wußte sofort, daß es Wanja war. Er wurde gleich lustiger. Als ob er allein an einer fremden und schrecklichen Stätte, wo der Gram wohnt, verloren gewesen wäre und man ihn hier gefunden und vom dunklen Zauber erlöst hätte.

Die Zweige regten sich, elastisch und trotzig irgendeiner Gewalt nachgebend, um gleich darauf diese Gewalt wieder zu vergessen und ihr eigenes Leben weiterzuleben, und im grünen Dickicht erschien Wanjas Fratze.

»Du wartest?« rief er aus. »Schau nur, was ich hab!«

Er schob mit der Achsel die Zweige auseinander und kam freudig, verschwitzt und barfuß zum Bach. Er hatte eine Flasche in der Hand, Kolja sah ihn erstaunt an.

»Es ist Madeira,« sagte Wanja, die Flasche zeigend. »Ich hab ihn gemaust!«»

Er war freudig erregt, und sein Gesicht wurde öfter als sonst von Grimassen durchzuckt. Er flüsterte:

»Mein Vater trinkt sich gern einen Rausch an. Vielleicht merkt er nicht, daß ihm die Flasche fehlt. Und wenn er es doch merkt, so glaubt er wohl, daß er sie selbst ausgetrunken hat. Oder daß das Dienstmädchen sie gestohlen hat.«

Die Jungen kauerten sich am Bache nieder und blickten die Flasche mit stummem Entzücken an.

Kolja fragte:

»Wie wirst du sie aufmachen?«

»Auch eine Frage!« antwortete Wanja wichtig. »Zu was hat man einen Korkzieher?«

Wanja steckte die Hand in die Tasche, suchte eine Weile und zog ein Messer mit einem Korkzieher hervor.

»Siehst du,« sagte er, das Messer Kolja zeigend, »was für ein Messer ich hab? Hier sind zwei Klingen, und auf dem Buckel ist ein Korkzieher.«

»Auf dem Buckel!« sprach ihm Kolja belustigt nach.

Langsam und mit großer Anstrengung und sich über die Anstrengung freuend, entkorkten sie die Flasche. Wanja reichte sie Kolja und sagte:

»Trink!«

Kolja errötete, kicherte, verzog das Gesicht, führte die Flasche an die Lippen und nahm ein Schlückchen. Es schmeckte süß und bitter zugleich. Ein leichter Strom fieberhaft freudiger Erregung lief durch seine Adern. Mit verschämtem Lächeln gab er die Flasche Wanja zurück. Wanja führte sie hastig an den Mund und nahm gleich einen ordentlichen Schluck. Seine Augen begannen zu leuchten.

»Was nimmst du so wenig?« jagte er, den Wein wieder Kolja gebend. »Wenn du mehr auf einmal nimmst, wirst du sehen, wie schön es ist.«

Kolja wurde nun kühner und trank so viel er nur konnte auf einmal. Er nahm wohl einen zu großen Schluck, denn er mußte gleich husten. Plötzlich wurde es ihm bange und unheimlich zumute. Der Wald begann vor seinen Augen langsam zu schweben. Dann wurde er auf einmal wieder sehr lustig.

Die Flasche ging immer von Hand zu Hand, und sie tranken abwechselnd, bald kleine und bald große Schlucke nehmend. Beide waren bald betrunken. Wanja schnitt furchtbare Fratzen. Beide Jungen lachten laut. Kolja schrie wild lachend auf:

»Der Wald tanzt!«

»Er tanzt, er tanzt!« sprach Wanja nach.

»Schau, was für ein komischer Vogel das ist!« schrie Kolja.

Alles, was sie sahen, erregte ihre Heiterkeit und schien ihnen komisch. Sie tanzten und tobten. In ihrer wilden Freude ließen sie sich zu üblen Streichen hinreißen. Sie brachen junge Bäume um, kratzten einander, alle ihre Bewegungen waren unvermittelt und sinnlos, und alles erschien in ihren Augen benebelt, zusammenhanglos und lächerlich.

Sie warfen die Flasche irgendwohin fort. Später erinnerten sie sich ihrer, fingen zu suchen an, konnten sie aber nicht finden. Wanja sagte:

»Es war noch Wein darin. Schade, daß wir sie verloren haben.«

»Es ist genug, wir sind auch so schon betrunken!« meinte Kolja lachend.

Wanja wurde auf einmal still. Die wilde Freude hatte sich verflüchtigt. Seine veränderte Stimmung teilte sich sogleich Kolja mit. Wanja sagte mit der jammernden Stimme eines geschwächten Trunkenbolds:

»Wir könnten ja den Rest morgen austrinken. Der Kopf tut mir entsetzlich weh.«

Kolja legte sich ins Gras unter einen Baum. Sein Gesicht war blaß geworden. Es war ihm, als ob etwas in seinem Innern ihn höbe, drehte und forttrage … wohin?

»Wollen wir baden!« sagte Wanja. »Das Wasser wird uns erfrischen, der Rausch wird davonfliegen.«

Die Jungen zogen sich aus, gingen ins Wasser und ertranken beinahe. Das Wasser stieß sie immer in die Kniekehlen. Sie lachten, fielen auf alle Viere hin und schluckten das Wasser, das ihnen in Nase und Kehle drang. Es war schrecklich und lustig zugleich. Endlich stiegen sie mit großer Mühe ans Ufer und warfen sich lachend ins Gras.

Während sie sich wieder anzogen, fragte Wanja:

»Willst du, daß ich zwei Schiffchen schwimmen lasse?«

»Gut, lasse sie schwimmen!« entgegnete Kolja. »Wo sind aber die Schiffchen?«

»Ich werde sie schon finden,« antwortete Wanja grinsend.

Er packte plötzlich Koljas gelbe Schuhe und schmiß sie ins Wasser.

»Schau, da sind die Schiffchen!« schrie er mit lautem Lachen.

Die Schuhe schwammen, über die Steine hüpfend, schnell davon. Kolja schrie auf und lief ihnen nach, sah aber gleich, daß er sie nicht mehr einholen konnte; die Büsche waren im Wege, und die Füße wollten ihm nicht recht gehorchen. Kolja setzte sich auf die Erde und fing zu weinen an.

»Warum hast du sie ins Wasser geschmissen?« fragte er Wanja vorwurfsvoll.

»Du hast mir ja selbst gesagt, daß ich sie schwimmen lassen soll!« verteidigte sich Wanja mit bösem Lächeln.

»Wie soll ich jetzt nach Hause gehen?« fragte Kolja traurig.

»Geh halt ebenso wie ich!« antwortete Wanja lächelnd.

Seine durchsichtig hellen Augen blinzelten und lachten. Er zeigte Kolja eine Grimasse und kletterte flink wie eine Katze den Abhang hinauf. Kolja folgte ihm mit großer Mühe. Er weinte und kratzte sich die Füße wund.

– Ach, wenn ich nur schneller nach Hause käme! – dachte er betrübt und beschämt.

Als sie aber wieder auf der Landstraße waren, wurde es ihm wieder lustig zumute, und das ganze Abenteuer mit dem Wein, dem Baden und den Schuhen erschien ihm ungemein komisch.

XII.

Der Abend rückte heran, und Kolja war noch immer nicht zu Hause. Seine Mutter wurde unruhig und schickte das Dienstmädchen zu den Nachbarn. Das Dienstmädchen kam zurück und berichtete:

»Wanja Selenjew ist auch noch nicht heimgekommen.«

»Sie treiben sich wohl zusammen herum. Ich werde es ihm schon zeigen!« sagte Koljas Mutter zornig.

Sie war sehr erschrocken. Ihrem Jungen konnte ja verschiedenes zugestoßen sein. Sie malte sich schon schreckliche Bilder von Koljas Tode.

Sie stand vor der Gartenpforte und blickte besorgt auf die Straße hinaus, plötzlich hörte sie hinter ihrem Rücken leise und schnelle Schritte. Sie wandte sich um. Es war Kolja: er war durch die Hinterhöfe heimgekommen. Die Mutter schrie entsetzt auf:

»Kolja! Wie siehst du denn aus? Der Ärmel ist abgerissen. Wo sind deine Schuhe?«

Kolja lachte lustig, winkte mit der Hand und sagte:

»Die Schuhe sind fortgeschwommen ... Weit weg sind die Schuhe!«

Die Mutter erschrak vor seiner veränderten heiseren Stimme. Kolja bewegte mit Mühe die Zunge, war ganz blaß, aber sehr lustig. Er begann schnell, doch zusammenhanglos und unverständlich von seinen Abenteuern zu erzählen. Er wunderte sich, daß seine Mutter nicht auch über die lustige Geschichte lachte.

»Du riechst ja nach Wein!« rief die Mutter entsetzt aus.

Ihr betrunkener Sohn erschien ihr so schrecklich, daß sie ihren Augen nicht traute. Kolja aber berichtete vergnügt:

»Mama, wir haben im Graben Madeira getrunken. Er schmeckte wunderbar. Wir haben auch Schiffchen schwimmen lassen, zwei Schiffchen. Das war so schön, so lustig!«

Die Mutter war entsetzt, Kolja aber schwatzte immer weiter.

Die Mutter brachte ihn schließlich zu Bett, und er schlief schnell ein. Dann begab sie sich zu den Selenjews.

XIII.

Als Alexandra Dmitrijewna zu den Selenjews kam, sagte der Herr des Hauses zu seiner Frau:

»Setz dich mit ihr selbst auseinander.«

Und er zog sich ins Mezzanin zurück.

»Ist Ihr Wanja zu Hause?« fragte Alexandra Dmitrijewna, ganz atemlos vor Aufregung. »Er hat meinen Sohn betrunken gemacht.«

Frau Selenjew errötete, stemmte die Hände in die Hüften, lachte böse auf und sagte:

»Ja gewiß, er ist zu Hause und schnarcht. Offenbar hat er mit Ihrem Söhnchen nicht übel gezecht: er stinkt förmlich nach Wein. Es ist aber noch eine Frage, wer wen betrunken gemacht hat. Er ist zwar ein übler Bursche, hat sich aber vor der so angenehmen Bekanntschaft mit Ihrem Söhnchen nichts dergleichen zuschulden kommen lassen.«

Die beiden Frauen überschütteten einander mit Vorwürfen und Schimpfworten. Frau Gljebow sagte:

»Ihr Sohn ist der schlimmste Gassenjunge in der ganzen Gegend. Wie kann man nur sein Kind so verziehen?«

»Was schimpfen Sie so?« antwortete Frau Selenjew grob. »Auch der Ihrige ist ein Goldkind! Heute hat er seine Schuhe vertrunken, was wollen Sie noch mehr? Ein netter Junge!«

»Was? Vertrunken?« rief Frau Gljebow empört aus. »Ihr Wanja hat sie in den Bach geschmissen!«

Frau Selenjew lachte schadenfroh auf.

»Es ist wirklich kein großes Malheur,« sagte sie, »daß sie sich betrunken haben! Das passiert Gott sei Dank nicht jeden Tag. Ihr Kolja wird hoffentlich nicht aus dem Leim gehen. Er wird ausschlafen und wieder zur Besinnung kommen.«

Alexandra Dmitrijewna fing zu weinen an. Frau Selenjew sah sie verächtlich und mitleidig an.

»Seien Sie nicht böse!« sagte sie versöhnlich. »Von uns hat er das nicht gelernt. Mit den Jungen kann man ja allerlei erleben: man kann sie doch nicht unter einen Glassturz setzen. So müssen sie doch einmal etwas anstellen. Wir werden unsern Wanja schon ordentlich durchprügeln. Sie werden aber Ihren Bengel wohl abküssen, und er wird morgen vor Reue Tränen vergießen. Und nun haben wir miteinander nichts mehr zu reden.«

Sie wandte sich ab und ging ins Haus.

XIV.

Als Wanja am nächsten Morgen erwachte, bekam er von seinem Vater eine ordentliche Tracht Prügel. Es war noch sehr früh, die Nachbarn hörten aber mit Vergnügen, wie Wanja mit tiefer, böser Stimme schrie.

»Ich werde ihn ertränken,« sagte Wanja, als er seine Strafe erhalten hatte.

Niemand achtete aber auf seine Worte. Sein Vater eilte zum Zug. Die Mutter begleitete ihn…

Der Vater fuhr in die Stadt. Wanja lag lange unbeweglich und stumm in der Kammer. Dann stand er auf und ging aus dem Hause. Die Mutter schrie ihm nach:

»Wanja, untersteh dich nicht, heute fortzugehen. Bleib zu Hause!«

»Fällt mir nicht ein,« erwiderte Wanja grob. »Such dir einen Dümmeren, der dir folgt!«

Er machte die Gartenpforte auf und lief auf die Straße. Die Mutter setzte ihm nach, sah aber gleich, daß sie ihn nicht mehr einholen konnte.

»Marfa,« rief sie der Dienstmagd, die lustig grinsend aus der Küche herausschaute, »lauf schnell hinten herum und fang ihn ab!«

»Er ist auf und davon, wer kann ihn einholen?« antwortete Marfa lachend.

Die ohnmächtige Wut der Gnädigen belustigte sie.

»Du erlebst was, wenn du heimkommst, du garstiger Bengel!« schrie Frau Selenjew ihrem Sohne nach.

XV.

Wanja saß am Ufer des Waldbaches, blickte finster ins Wasser und sann etwas Böses und Grausames. Ab und zu flüsterte er:

»Einen Stein an den Hals binden, in einen Sack stecken und ins Wasser werfen!«

Sein ganzer Ärger und Haß richtete sich gegen Kolja. Er wünschte ihm den Tod, und dieser Wunsch quälte und freute ihn.

Ertränken! Wie wirft man ihn aber ins Wasser?

Wozu auch? Es ist vernünftiger, es so einzurichten, daß er selbst ins Wasser geht. Er wird folgen. Man kann ihn zwingen, überreden, bezaubern.

Eine böse, grausame Grimasse verzerrte Wanjas Gesicht. Er lief in den Wald und rief laut:

»Hallo!«

Niemand antwortete ihm.

– Es soll in der Nacht geschehen, – sagte sich Wanja. – Er muß ertrinken, und ich werde sagen, daß ich um diese Zeit geschlafen habe. –

Und er wurde wieder lustig.

– Ich werde mich ganz still aus dem Hause schleichen, – dachte sich Wanja.

XVI.

Als Kolja ausgeschlafen hatte, erinnerte er sich beschämt und entsetzt seiner gestrigen Erlebnisse. Lange weinte er in den Armen seiner Mutter. Er bereute alles und gelobte, nie wieder dergleichen zu tun. Die Mutter beruhigte sich. Sie war ganz von ihren Proben in Anspruch genommen.

Kolja zog es aber schon wieder nach dem Walde hin. Er wartete einen günstigen Augenblick ab, lief aus dem Hause und kam in den Graben.

Wanja empfing ihn hier mit bösen rachsüchtigen Blicken.

– In einen Sack stecken und ins Wasser werfen! – dachte er sich wieder.

Er verbarg aber seinen Haß und fing zu erzählen an, wie man ihn bestraft hatte. Kolja hörte ihm mit zärtlichem und scheuem Mitleid zu. Wanja merkte es und sagte lachend:

»Das hat mir nichts gemacht. Sie können mit mir alles tun, was sie wollen, ich hab gar keine Angst. Schließlich hab ich auch die Prügel verdient. Sie sagen, man darf nicht stehlen. Die Leutchen wachen eben über ihr Gut.

Und wenn du stehlen willst, so mußt du es so machen, daß man dich nicht erwischt.«

Die Jungen saßen am Flußufer und blickten nachdenklich ins Wasser. Die Fische plätscherten, als ob sie es im kühlen und durchsichtigen Wasser zu eng hätten. Mücken schwärmten über dem Wasser. Alles war wie immer gleichgültig, im Ganzen schön, in den Einzelheiten eintönig und freudlos.

Wanja war still geworden. Er flüsterte traurig:

»Weißt du, was ich dir sagen werde? Ich will nicht länger leben.«

Kolja blickte ihn erstaunt mit weit aufgerissenen Augen an.

»Wie meinst du das?« fragte er.

»Ganz einfach,« antwortete Wanja ruhig und beinahe spöttisch. »Ich werde sterben, und die Sache ist erledigt. Ich werde mich ertränken.«

»Ist es denn nicht schrecklich?« fragte Kolja entsetzt.

»Ach was, schrecklich! Nichts ist schrecklich. Was soll ich noch länger leben!« sagte Wanja, den unwiderstehlichen Blick seiner durchsichtigen Zauberaugen auf Kolja richtend. »Es ist gemein, hier auf dieser verfluchten Erde zu leben. Jeder Mensch ist hier dem andern ein Wolf. Was ist denn dabei so schrecklich? Man ertrinkt schnell und ist dann sofort im Jenseits. Dort ist aber alles anders.«

»Anders?« fragt Kolja schüchtern und gläubig.

»Ganz anders! Bedenke nur,« sagte Wanja in überzeugendem Ton, »wenn du weite Reisen magst…«

»Ja, die mag ich gern,« sagte Kolja.

»Also paß auf,« fuhr Wanja fort; »wohin du auf dieser Erde auch hinkommst, überall sind es die gleichen Flüsse, Bäume und Kräuter. Dort, jenseits des Grabes ist aber alles anders. Wie es dort aussieht, weiß ich nicht, und niemand weiß es. Gefällt dir aber alles, was du hier siehst?«

Kolja schüttelte verneinend den Kopf.

»Ja, hier ist es ekelhaft zu leben,« fuhr Wanja fort. »Fürchtest du denn zu sterben? Schreckt dich der Tod? Den Tod gibt es ja nur hier, auf unserer Erde. Wir müssen alle sterben, – aber dort gibt es keinen Tod. Wenn du hier eine Zeitlang nichts im Munde gehabt hast, so stirbst du; du hängst von irgendeinem dummen Bissen ab, – aber dort bist du frei. Jetzt hast du einen Körper. Du hast von ihm weiter nichts als Schmerzen. Wenn du hineinschneidest, tut es weh. Dort gibt es aber nichts dergleichen. Der Körper verfault, – was brauchst du ihn auch? Du bist frei und niemand hat Gewalt über dich.«

»Und die Mutter?« fragte Kolja.

»Was für eine Mutter?« erwiderte Wanja überzeugend. »Du hast von ihr vielleicht nur geträumt. Du hast gar keine Mutter. Das alles scheint dir nur, in der Tat gibt's das alles nicht, es ist Trug. Bedenke doch selbst: wenn es das alles wirklich gäbe, würden dann die Menschen sterben? Würde man dann überhaupt sterben können? Hier vergeht und verschwindet alles wie ein Gespenst.«

Kolja riß seinen Blick von Wanjas kalten und durchsichtigen Augen los und betrachtete verlegen seinen eigenen Körper.

»Wie ist es nun?« sagte er: »Es ist doch immerhin mein Körper!«

»Was für einen Wert hat dein Körper?« entgegnete Wanja. »Die Leute lachen über ihn: wenn irgendein Haar an der unrichtigen Stelle sitzt, wenn du eine Warze hast oder schielst, so lachen dich alle aus. Und sie schlagen dich, sie schlagen dich furchtbar. Du glaubst wohl, daß man sich an die Schläge gewöhnen kann? Nein, niemals! Daß es weh tut, ist weniger wichtig. Aber an die Kränkung kann man sich nie gewöhnen. Dort wird dich niemand kränken. Niemand hat dir dort etwas zu befehlen, niemand wird auf dich schimpfen oder dir etwas vorwerfen. Dort darfst du alles tun, was du willst. Alles ist erlaubt. Es ist nur hier auf der Erde so, daß du, wenn du einen Schritt zu viel machst oder eine Flasche von dem einen Ort auf einen andern bringst, als Dieb dastehst und jede Schande über dich ergehen lassen mußt.«

Als Wanja das sagte, blickte ihn Kolja mit demütigen, gläubigen Augen an. Die Kränkungen, von denen Wanja sprach, taten ihm weh, viel mehr weh, wie wenn er sie selbst erfahren hätte. Ist es auch nicht gleich, wessen Kränkungen es sind?

Irgendein schwarzer Vogel flog über den Kindern dahin, seine breiten Flügel bewegten sich rasch und lautlos. Wanja sprach mit trauriger und leiser, aber unwiderstehlich überzeugender Stimme:

»Wenn du hier irgendeine Flüssigkeit herunter schluckst, bist du gleich ein anderer. Dort gibt's das alles nicht. Dort kannst du keinem Ding schaden, und kein Ding kann dir schaden. Gut ist es dort. Wenn du dir hier die Menschen anschaust, so mußt du den einen beneiden und den andern bemitleiden, und dein Herz ist voller Wunden. Dort gibt's das alles nicht.«

Wanja sprach noch lange so, und Kolja geriet immer mehr in den Bann seiner traurigen Stimmung und seiner Einflüsterungen.

Wanja schwieg. Der Zauber seiner Stimme schien wie der Rauch aus einem erloschenen Weihrauchfasse im Harzdufte des Waldes fortzuleben. Er blickte müde und stumm in die Ferne. Kolja hatte aber plötzlich den Wunsch, ihn mit einem mächtigen, endgültigen Worte zu widerlegen. Ihn überkam das beruhigende Gefühl einer ewigen Freude. Er blickte Wanja wieder heiter an und sagte mit zärtlich klingender Stimme:

»Und Gott?«

Wanja wandte sich zu ihm um und lächelte, und Kolja wurde es wieder ängstlich zumute. In Wanjas durchsichtigen Augen brannte ein Haß, der gar nicht kindlich war. Und er sagte leise und düster:

»Es gibt keinen Gott. Und wenn es einen gibt, so kümmert Er sich nicht um dich. Wenn du zufällig ins Wasser fällst, so denkt Gott gar nicht daran, dich zu retten.«

Kolja hörte ihm entsetzt und blaß zu.

XVII.

Die Dorfkinder wollten Wanja wieder einmal necken. Sie riefen einander zu:

»Kinder, da geht der Dreibrauige, er hat heute Prügel gekriegt!«

»Man zog ihm aus die Hosen und gab ihm auf den Bloßen!...«

Sie überschütteten Wanja mit rohen kränkenden Worten. Wanja blieb stehen und blickte die Kinder stumm mit seinen hellen Augen an, die so rund und unbeweglich wie die einer Schlange waren. Die Kinder wurden still und glotzten ihn ängstlich mit dummen, verständnislosen Blicken an. Aus irgendeinem Winkel kam plötzlich eine Frau herbeigestürzt. Sie packte alle Kinder zugleich bei den Armen und schleppte sie fort.

»Er wird sie noch behexen, der Verruchte!« brummte sie.

»Was sagst du, Tante?« fragte eine Nachbarin.

»Einen bösen Blick hat er!« flüsterte ihr die Frau zu.

Wanja hörte es. Er lächelte traurig und ging weiter. Als Wanja nach Hause kam, war es schon spät, und der Vater schlief nach dem Essen. Wanja brachte der Mutter ein Körbchen Erdbeeren mit.

»Du kriegst von mir noch eine ordentliche Tracht Prügel!« sagte die Mutter wütend: »Hast wohl am Morgen zuwenig gekriegt?«

»Ich habe nicht eine einzige Beere gegessen, habe alles für dich aufgehoben,« entgegnete Wanja mit gedehnter, klagender Stimme.

»Wo hast du das Körbchen her?« fragte die Mutter streng, aber nicht mehr so wütend.

»Wirst du mich wirklich schlagen?« fragte Wanja weinerlich. »Ich hab mir solche Mühe gegeben.«

»Wie hast du es gewagt, fortzulaufen!?« schrie die Mutter.

»Wenn es mich aber nach dem Walde hinzog...« sagte Wanja jammernd.

»Wart, ich werde es schon dem Vater sagen,« versetzte die Mutter ziemlich ruhig. »Setz dich und iß, wenn du willst.«

»Schläft der Vater?« fragte Wanja mit verständnisvollem Lächeln.

Er setzte sich an den Tisch und fiel gierig über das Essen her.

– Er hat wohl furchtbaren Hunger, – dachte sich die Mutter, von Mitleid ergriffen.

»Vater hat zu Mittag gegessen und schläft nun bis zum Abendtee,« sagte sie. »Er ist betrunken heimgekommen. Genau so wie du gestern. Das Söhnchen ist dem Vater nachgeraten.«

Sie rauchte, die Hände in die Hüften gestemmt, und blickte den Sohn mit zärtlichem Lächeln an, das auf ihrem roten Gesicht so komisch und unpassend erschien, plötzlich tat es ihr leid, daß man Wanja wegen jenes »Kadavers« verprügelt hatte.

– Er sieht auch so schon ganz grün aus, – dachte sie. – Er ist aber ein ganzer Kerl; in der frischen Luft wird er sich bald erholen! – tröstete sie sich.

»Hat man ihn betrunken gemacht?« fragte Wanja, mit einem Blick auf das Nebenzimmer, aus dem das Schnarchen des Vaters herüberklang.

»Der Strekalow hat ihn wohl verführt,« antwortete die Mutter. »Es sind so furchtbar gemeine Leute!«

Sie sprach mit ihrem Sohn ganz einfach wie mit einem Erwachsenen, ohne sich ein Blatt vor den Mund zu nehmen.

XVIII.

So oft jetzt die Knaben zusammenkamen, sprachen sie vom Tode. Wanja pries den Tod und das Leben im Jenseits. Kolja hörte ihm gläubig zu. Immer nichtiger erschien ihm die Natur, und immer erstrebenswerter und lieber der Tod, der tröstende, ruhige Tod, der jedes Leid und jede Unruhe der Erde von uns nimmt. Er befreit, und seine Verheißungen sind untrüglich. Es gibt keinen treueren und zärtlicheren Freund auf Erden als den Tod. Die Menschen fürchten seinen Namen, nur weil sie nicht wissen, daß er das wahre und ewige, ewig unveränderliche Leben ist. Er verheißt eine neue Art des Seins, und er trügt nie. Er hält seine Versprechungen.

Und es ist so süß, an ihn zu denken, von ihm zu träumen. Wer will behaupten, daß die Gedanken an ihn grausam seien? Nein, es ist süß an ihn, den treuen, fernen und doch ewig nahen Freund zu denken.

Kolja fing schon an, alles zu vergessen. Sein Herz sagte sich von allen Anhänglichkeiten los. Was bedeutet ihm noch die Mutter, die er einst so sehr liebte? Gibt es eine Mutter? Und ist denn hier auf dieser Erde nicht alles gleich trügerisch und gespenstisch? Es gibt hier nichts Echtes und Wahres, und diese veränderliche, schnell ins uferlose Vergessen versinkende Welt ist nur von flüchtigen Schatten bevölkert.

Der Zauber, der von Wanjas Blicken ausging und der nur noch allein tief in Koljas Seele zu dringen vermochte, trieb ihn jeden Tag in den Wald und in den Graben, wo der Bach dasselbe sang, was ihm die durchsichtig hellen, Vergessen spendenden Augen Wanjas erzählten.

Immer tiefer und süßer wurde das Vergessen.

Wenn Wanja ihn lange mit seinen hellen, unbeweglichen Augen ansah, vergaß er unter seinen erbarmungslosen Blicken alles, wie man in den Armen des tröstlichsten aller Engel – des Engels des Todes alles vergißt.

Koljas Todesengel schnitt aber Fratzen und hegte böse Gedanken. Seine Wünsche und Träume wären auch früher lasterhaft und grausam gewesen; jetzt hatten sie aber höchste Kraft und Schärfe erlangt. Er dachte an den Tod, – an Koljas Tod und dann auch an seinen eigenen. Er verbrachte qualvolle Nächte in wahnsinnigen Gedanken an den nahen grausamen Todeskampf.

Während er Kolja mit dem Tode versuchte, unterlag er auch selbst der Versuchung des Todes, er war wie ein Giftmörder, der sich mit seinem eigenen Gifte vergiftet.

Anfangs wollte er nur Kolja vergiften und sich selbst zurückziehen. Später aber dachte er nicht mehr daran, daß er sich zurückziehen würde. Er war ganz in den Bann der Gedanken an den Tod geraten.

Auch Koljas Gedanken waren ebenso wahnsinnig: als ob die gleichen Träume von dem einen zum andern übergingen.

XIX.

Eines Nachmittags trafen sie sich wieder am Waldrande. Wanjas Gesicht war furchtbar blaß und stellenweise geschwollen.

»Was bist du so blaß?« fragte Kolja.

»Ich habe heute viel geträumt,« entgegnete Wanja.

Die beiden Knaben schwiegen eine Weile. Wanja sah sich um, ob niemand in der Nähe wäre, und sagte:

»Ich weiß eine tiefe Stelle. Wenn man da hineinfällt, ertrinkt man sofort.«

»Wo ist sie?« fragte Kolja.

Wanja lachte und zeigte ihm die Zunge.

»Nein,« sagte er, »ich will sie dir noch nicht zeigen, sonst gehst du allein fort. Ich will aber mit dir gehen.«

Wanja umarmte Kolja und sagte mit leiser, böser Stimme:

»Nur mit dir, Liebster!«

Kolja sah dicht vor sich die hellen, ausdruckslosen Augen, und sie flößten ihm wie immer dunkles Vergessen ein. Er hatte alles vergessen, er wollte an nichts denken, und vor seinen Augen war ein Abgrund ...

Die Knaben vereinbarten, in der nächsten Nacht von zu Hause wegzulaufen und zu sterben.

»Meine Mutter spielt heute abend,« sagte Kolja.

»Das ist ja gut!« antwortete Wanja.

Der Gedanke an die Mutter vermochte in Kolja keinerlei Gefühle zu wecken.

Wanja lächelte und sagte:

»Aber wenn du fortgehst, laß dein Kreuz zu Hause, du brauchst es nicht.«

Wanja ging fort. Kolja blieb allein. Er dachte nicht an Wanjas Worte. Er hatte sie aber nicht vergessen. Das von ihnen geweckte Grauen blieb zurück, die giftigen Worte waren tief in die Seele gedrungen.

Sie lebten und wuchsen in ihm ganz von selbst; Kolja aber lebte von seinen gewohnten Eindrücken: von der Mutter, den Spielen, der Schaukel, dem Fluß, den Jungen auf der Straße, – alles war wie sonst.

Alles Frühere war aber furchtbar uninteressant und langweilig. Die Mutter durfte nur nicht merken, wie langweilig ihm das alles war.

Und Kolja blickte die Mutter mit seinem gewohnten süßsauren Lächeln an.

XX.

Es kam die Nacht. Und sie war traurig, still, finster und lang wie die letzte Nacht.

Die Mutter spielte Theater. Sie hatte die ersehnte Rolle bekommen, und heute war die erste Vorstellung. Die Mutter freute sich sehr und ging gleich nach dem Essen fort. Wenn sie heimkommt, wird Kolja schon schlafen: nach der Vorstellung wird man bis vier Uhr tanzen.

Das Dienstmädchen gab Kolja seinen Abendtee, brachte ihn zu Bett, versperrte die Wohnung und ging spazieren. Kolja blieb allein zu Hause. Er war es schon gewohnt und hatte keine Angst.

Als aber der leise metallische Ton des Türschlosses sein Ohr erreichte, bemächtigte sich seiner plötzlich das kalte Gefühl der völligen Abgeschiedenheit.

Er lag im Bett auf dem Rücken und blickte mit dunklen Augen zur dunklen Decke hinauf.

– Und die Mutter? – ging es ihm durch den Kopf.

– Es gibt keine Mutter! – Sprach eben jemand diese Worte, oder tauchten sie nur in seiner Erinnerung auf?

Kolja lächelte vor sich hin. Dann stieg er aus dem Bett und kleidete sich an. Er wollte auch die Schuhe anziehen, erinnerte sich aber, daß die Erde um diese Stunde feucht und kühl sei: sie wird seine Füße so weich und zärtlich liebkosen.

Feuchte Mutter Erde!

Kolja warf die Schuhe unter das Bett und trat ans Fenster. Am Himmel stand der hellgrüne unschöne Vollmond. Er schien hinter den Baumwipfeln zu lauern und aufzupassen. Sein Licht war stumm und leblos und die betörenden, scheuen Strahlen drangen auch durch das Laub...

Wanja kam durch die Hinterhöfe in Koljas Garten geschlichen. In allen Fenstern war es dunkel. Wanja klopfte leise an Koljas Fenster. Es ging auf. Kolja blickte hinaus: er war blaß und lächelte schwach. Das Mondlicht fiel gerade auf Wanjas Gesicht.

»Du bist ganz grün!« sagte Kolja.

»Ich bin, wie ich bin,« antwortete Wanja.

Sein Gesicht war ruhig und ausdruckslos, wie leblos. Nur seine Augen lebten und leuchteten mit flüssigem, durchsichtigem Glanz.

»Wollen wir gehen,« sagte er, »es ist Zeit.«

Kolja klammerte sich mit seinen kleinen weißen Händen ungeschickt an das Fensterbrett und kletterte hinaus. Wanja half ihm dabei.

»Du solltest doch deine Schuhe nehmen, es ist kalt,« sagte Wanja.

»Und du?« entgegnete Kolja.

»Mir macht das nichts. Ich fürchte die Kälte nicht,« sagte Wanja mit traurigem Lächeln.

»Auch mir macht das nichts,« erwiderte Kolja leise.

Die Knaben gingen aus dem Garten und schlugen den schmalen Feldweg zum Walde, der in der Nähe dunkelte, ein. Wanja flüsterte:

»Schau, wie hell der Mond ist. Auch dort hat es einst Menschen gegeben, sie sind aber alle gestorben. Damals war unsere Erde noch eine Sonne. Auf dem Monde war es warm; es gab dort Luft und Wasser, Tage und Nächte wechselten ab; es wuchs auch Gras, und über das taubedeckte Gras liefen lustige, barfüßige Jungen. Nun sind sie alle tot, mein Lieber, und niemand weint ihnen eine Träne nach!«

Kolja wandte sein Gesicht mit dem süßsauren, traurigen Lächeln Wanja zu und flüsterte: »Auch wir werden sterben.«

»Blase nur kein Trübsal,« sagte Wanja finster. »Du bist wohl imstande, zu weinen. Ist dir kalt?«

»Es macht nichts,« antwortete Kolja leise. »Sind wir bald da?«

»Sofort.«

Die Jungen stiegen zum Fluß hinunter. Sein Lauf war an dieser Stelle eingeengt: drüben war ein jäher Absturz, und hier fiel das Ufer steil zum Wasser herab. Am Ufer und im Wasser lagen einige große Steine. Es war still. Der helle kalte Mond stand über dem Absturz. Er blickte gespannt herab und wartete. Das Wasser schien unbeweglich und dunkel. Bäume und Sträucher waren stumm und starr. Aus dem Grase lugten kleine, unschöne Blüten hervor, weiß waren sie und unheilkündend.

Wanja scharrte neben dem einem der großen Steine herum und brachte zwei Handnetze mit abgebrochenen Griffen zum Vorschein. Er befestigte am oberen Rande der beiden Netze Schnüre, und sie sahen nun wie zwei Wandertäschchen aus. In jedes legte er einen Stein.

»Es sind zwei Wandertäschchen,« sagte er leise.

Die beiden Knaben standen auf einem breiten und flachen Stein, der einer Grabplatte glich, und blickten mit der gleichen Angst in das dunkle Wasser. Sie standen wie festgebannt da, und es gab kein Zurück mehr. Ein jeder hatte an der Brust ein Täschchen mit einem Stein hängen, und die Schnüre schnitten sich ihnen in die Nacken ein.

»Geh,« sagte Wanja, »erst du, dann ich.«

»Machen wir es lieber zusammen!« erwiderte Kolja schüchtern mit seiner hellen Stimme.

»Gut, zusammen!« sagte Wanja entschlossen und lächelte.

Wanjas Gesicht erschien auf einmal eingefallen und finster. Die kalte Willenlosigkeit der Sterbestunde lastete schon auf ihm.

Kolja wollte sich bekreuzigen. Wanja packte ihn aber bei der Hand.

»Was fällt dir ein? Das darfst du nicht!« sage er böse. »Glaubst du denn immer noch? Gut, wenn Er dich retten will, so soll Er diesen Stein im Täschchen in Brot verwandeln.«

Kolja hob die Augen gen Himmel. Der tote Mond blickte ihn stumpf an. In seiner ohnmächtigen Seele wollte sich kein Gebet regen. Der Stein blieb Stein…

Kolja bemerkte über seinem Kopfe einen seinen Zweig mit kleinen Blättchen, der sich vom dunkelblauen Himmel als zierliche schwarze Silhouette abhob.

– Wie hübsch! – dachte sich Kolja.

Eine leise Stimme rief ihn von hinten an, sie klang wie die Stimme seiner Mutter:

»Kolja!«

Es war aber zu spät. Sein Körper beugte sich schon über das Wasser und fiel.

Kolja stürzte vom Stein. Das Wasser spritzte mit schwerem Klatschen auf. Kalte, schwere Tropfen flogen Wanja ins Gesicht.

Kolja war sofort ertrunken. Eine kalte, schmerzliche Sehnsucht bemächtigte sich Wanjas. Sie zog ihn unaufhaltsam hinunter, wo Kolja verschwunden war. Sein Gesicht verzerrte sich zu einer schmerzlichen Grimasse. Ein seltsamer Krampf durchzuckte seinen Körper. Er krümmte sich zusammen, wie wenn er sich von jemand, der ihn festhielte und ins Wasser stieße, losreißen wollte. Er streckte plötzlich beide Arme aus, schrie leise auf und fiel ins Wasser. Das Wasser tat sich vor ihm auf und spritzte empor. Dunkle Kreise liefen über den Wasserspiegel und erstarben. Und dann war wieder alles still.

Der tote Mond stand kalt und hell über dem dunklen Absturz.

Der Kuß des Ungeborenen

Der kurzgeschorene Laufjunge des großen Aktienunternehmens trug eine enganliegende, mit zwei Reihen Messingknöpfe verzierte Uniform, auf der man, da sie grau war, kein Stäubchen sehen konnte. Er öffnete die Tür zum Zimmer, wo fünf Schreibmaschinistinnen saßen und fünf Maschinen klapperten, lehnte sich lässig an den Türpfosten und sagte zu einer der Damen:

»Nadeschda Alexejewna, Frau Kolymzew bittet Sie ans Telephon.«

Er lief fort. Seine Schritte waren auf dem grauen Filzteppich, der im schmalen Korridor lag, unhörbar. Nadeschda Alexejewna, ein schlankes, schöngewachsenes Mädchen von etwa siebenundzwanzig Jahren, mit sicheren und ruhigen Bewegungen und einem tiefen, klaren Blick, wie er nur Menschen, die viel gelitten haben, eigen ist, schrieb die Zelle zu Ende, erhob sich ruhig von ihrem Platz und ging ins Vestibül zur Telephonzelle. Im Gehen fragte sie sich:

»Was ist schon wieder los?«

Sie war es schon gewohnt, daß, so oft ihr ihre Schwester Tatjana Alexejewna schrieb oder sie ans Telephon rief, es in ihrem Hause irgendein neues Unglück gab: entweder war eines der Kinder erkrankt, oder der Schwager hatte Unannehmlichkeiten im Dienst, oder es gab irgendeine Affäre mit den Kindern in der Schule, oder es herrschte schließlich äußerste Geldnot. Nadeschda Alexejewna fuhr jedesmal mit der Trambahn ln die entfernte Vorstadt und half oder tröstete, so gut sie es konnte. Die Schwester war um zehn Jahre älter als sie und seit langer Zeit verheiratet. Obwohl sie in der gleichen Stadt wohnten, sahen sie sich recht selten.

Nadeschda Alexejewna trat in die enge Telephonzelle, wo es immer nach Bier, Tabak und Mäusen roch, ergriff das Hörrohr und sagte:

»Ich bin da. Bist du es, Tanja?«

Die Stimme der Schwester klang verweint und aufgeregt, genau so, wie Nadeschda Alexejewna es erwartet hatte. Sie sagte:

»Nadja, um Gottes willen, komm sofort her. Ein großes Unglück ist geschehen. Sserjoscha ist tot. Er hat sich erschossen.«

Nadeschda Alexejewna konnte im ersten Augenblick das Schreckliche, das in der Nachricht vom Tode ihres lieben fünfzehnjährigen Neffen Sserjoscha lag, gar nicht fassen. Sie stammelte:

»Tanja, Liebste, was sagst du?! Wie schrecklich! Aus welchem Grunde? Wann ist es geschehen?«

Ohne die Antwort abzuwarten, fügte sie rasch hinzu:

»Ich komme sofort hinaus, sofort.«

Sie vergaß das Höhrrohr an den Haken zu hängen, ließ es an der Schnur baumeln, lief zum Direktor und bat ihn um Erlaubnis, wegen einer dringenden Familienangelegenheit fortgehen zu dürfen.

Der Direktor gab ihr die Erlaubnis. Er machte zwar ein unzufriedenes Gesicht und brummte:

»Sie wissen ja, wieviel es vor den Feiertagen zu tun gibt. Und die dringenden Familienangelegenheiten kommen immer in der ungelegensten Zeit. Wenn es aber durchaus sein muß, dürfen Sie gehen. Bedenken Sie nur, daß die ganze Arbeit stockt.«

Nadeschda Alexejewna saß nach einigen Minuten in der Trambahn. Ihre Gedanken waren wieder an dem Punkt angelangt, zu dem sie immer zurückkehrten, wenn der ruhige Lauf ihrer Tage von unerwarteten Geschehnissen, die fast immer schmerzvoll waren, unterbrochen wurde. Ihre Gefühle waren verworren, ihre Stimmung gedrückt. Ihr Herz krampfte sich vor schmerzvollem Mitleid mit der Schwester und dem Neffen zusammen.

Der Gedanke, daß der fünfzehnjährige Junge, der sie erst vor kurzem besucht hatte, der immer lustige Gymnasiast Sserjoscha, sich das Leben genommen habe, war zu schrecklich. Auch der Gedanke an den Schmerz seiner Mutter, die ihr schweres und verfehltes Leben wie eine Last trug, war nicht weniger bedrückend. Im Leben Nadeschda Alexejewnas hatte es aber etwas gegeben, was vielleicht noch viel schwerer und schrecklicher war und was ihr die Möglichkeit nahm, sich ganz der Trauer um die Schwester und den Neffen hinzugeben. Ihr vom alten Leid bedrücktes Herz hatte nicht die Kraft, sich in einem erlösenden Strom von schmerzlichem Mitleid zu ergießen. Ein schwerer Stein lag auf der Quelle der trostbringenden Tränen. Nur einzelne spärliche Tränentropfen traten ihr in die Augen, deren gewöhnlicher Ausdruck eine gleichgültige Langeweile war.

Nadeschda Alexejewna mußte im Geiste wieder zu dem von ihr durchwanderten stammenden Kreise von Liebe und Leidenschaft zurückkehren. Zu den wenigen Tagen des Vergessens und grenzenloser Hingebung, die sie vor einigen Jahren erfahren.

Jeder Tag jenes heitern Sommers war für sie wie ein Festtag. Über der armseligen Landschaft der Sommerfrische in Finnland blaute freudig der Himmel, rieselten lustig lachend sommerliche Regengüsse. Der Harzgeruch des warmen Nadelwaldes war süßer als Rosenduft; in diesem mürrischen, und doch lieben Lande gab es ja auch keine Rosen. Das graugrüne Moos im Waldesdickicht war ein wonnevolles Lager der Liebe. Die zwischen den wild aufeinander getürmten grauen Felsen hervorsprudelnde Quelle rieselte so freudig und so hell, als ob ihr klares Wasser geradeswegs zu den Gefilden Arkadiens strömte. Süß und freudebringend war die Kühle des wohlklingenden Wasserlaufes.

Die glücklichen Tage zogen im Liebesrausche schnell dahin. Und dann kam der letzte Tag, von dem Nadeschda Alexejewna natürlich nicht wußte, daß er ihr letzter glücklicher Tag war. Alles um sie her war noch heiter, wolkenlos und freudevoll. Die weiten, harzduftenden Waldesschatten waren noch immer kühl und versonnen und das warme Moos unter ihren Füßen weich und zärtlich. Aber die Vögel waren schon verstummt: sie hatten sich Nester gebaut und Junge ausgebrütet.

Auf dem Antlitz des Geliebten lag ein seltsamer Schatten. Er hatte an diesem Tage einen unangenehmen Brief bekommen. So erklärte er es wenigstens selbst:

»Ein furchtbar unangenehmer Brief. Ich bin verzweifelt. So viele Tage muß ich von dir ferne sein!«

»Warum?« fragte sie.

Sie spürte noch immer keine Trauer. Er aber sagte:

»Mein Vater schreibt, daß die Mutter schwer erkrankt ist. Ich muß sofort hinfahren.«

Der Vater schrieb ihm etwas ganz anderes. Nadeschda Alexejewna wußte es aber nicht. Sie wußte noch nicht, daß die Liebe getäuscht werden kann, daß Lippen, die geküßt haben, lügen können.

Unter Liebkosungen und Küssen sagte er ihr:

»Ich muß fort. Ich kann nicht anders. Es ist so ärgerlich Ich weiß zwar, daß es nichts Ernstes ist, aber ich muß sofort zu meiner Mutter.«

»Es ist ja selbstverständlich,« sagte sie, »wenn deine Mutter krank ist, mußt du hin. Schreibe mir aber jeden Tag. Ich werde mich so furchtbar nach dir sehnen.«

Sie begleitete ihn wie immer bis zur Landstraße an den Waldesrand und kehrte allein durch den Wald heim. Sie war etwas betrübt, doch fest davon überzeugt, daß er bald zurückkehren würde. Er kehrte aber nicht zurück.

Nadeschda Alexejewna bekam von ihm mehrere Briefe. Es waren so merkwürdige Briefe. Sie waren unklar, verworren und voller unverständlicher Anspielungen, die ihr Angst machten. Er schrieb ihr immer seltener. Nadeschda Alexejewna ahnte schon, daß seine Liebe erloschen war. Gegen Ende des Sommers erfuhr sie zufällig von fremden Leuten, daß er sich inzwischen verheiratet hatte.

»Ja, natürlich! Haben Sie es denn noch nicht gehört? Vorige Woche war die Trauung, und dann ist er gleich mit seiner jungen Frau nach Nizza abgereist:«

»Er kann von Glück sprechen: hat sich eine so hübsche und reiche Frau ergattert«

»Ist die Mitgift groß?«

»Und ob! Ihr Vater besitzt ...«

Sie wollte aber gar nicht hören, was ihr Vater besitzt, und wandte sich weg.

Die Erinnerung an das Schreckliche, das nachher kam, drängte sich ihr gar zu oft auf, obwohl sie sich die größte Mühe gab, sie auszumerzen und in ihrer Seele zu ersticken. Es war so schwer und erniedrigend, wenn auch unvermeidlich gewesen. Als sie sich dort, wo alles noch von seinen Küssen sprach, Mutter fühlte, als sie von seiner Heirat erfuhr und die ersten Regungen des Kindes spürte, mußte sie ja schon gleich an den Tod dieses Kindes denken. Sie mußte den Ungeborenen töten!

Ihre Angehörigen erfuhren nichts. Nadeschda Alexejewna war es gelungen, unter einem glaubwürdigen Vorwande für vierzehn Tage zu verreisen. Mit großer Mühe verschaffte sie sich soviel Geld, als das böse Werk kosten sollte. In einem gemeinen Asyl wurde es vollbracht. Die Erinnerung an die grauenhaften Einzelheiten war ihr heute noch qualvoll. Krank, abgezehrt, bleich und schwach kehrte sie nach Hause zurück und verheimlichte mit traurigem Heldenmut den Schmerz und das Grauen.

Die Erinnerung an die Einzelheiten war sehr aufdringlich, aber Nadeschda Alexejewna hatte gelernt, sich nach kurzem Kampf immer wieder von der schweren Last dieser Gedanken zu befreien. So oft sie sich ihr aufdrängten, erschauerte sie kurz vor Grauen und Ekel und wandte sich sofort anderen Gedanken zu, die sie ablenkten.

Was sie aber für keinen Augenblick verließ und wogegen sie weder ankämpfen konnte noch wollte, war das liebe und zugleich schreckliche Bild ihres ungeborenen Sohnes.

Wenn Nadeschda Alexejewna allein war und mit geschlossenen Augen ruhig in ihrem Zimmer saß, besuchte sie manchmal ein kleiner Junge. Sie glaubte sogar wahrzunehmen, daß er mit der Zeit wuchs. Diese Vorstellung war so lebendig, daß sie von Tag zu Tag und von Jahr zu Jahr im Geiste alles durchkostete, was sonst die Mutter eines lebendigen Kindes durchkostet. In der ersten Zeit hatte sie sogar das Gefühl gehabt, daß ihre Brüste voll Milch seien. Bei jedem Geräusch fuhr sie zusammen: ob ihr Kind nicht ausgeglitten sei und sich wehgetan habe?

Manchmal hatte sie das Bedürfnis, ihren Sohn auf den Schoß zu nehmen, ihn zu liebkosen, mit ihm zu sprechen. Sie streckte die Hand aus, um sein goldblondes, seidenweiches Haar zu streicheln, die Hand aber stieß ins Leere, und Nadeschda Alexejewna hörte hinter ihrem Rücken das Lachen des Kindes, das von ihr weggelaufen war und sich irgendwo in der Nähe versteckt hatte.

Sie kannte das Gesicht ihres ungeborenen Sohnes. So deutlich sah sie es vor sich. Es war eine liebliche und zugleich grauenvolle Mischung der Gesichtszüge jenes Mannes, der ihre Liebe genommen und verworfen, der ihre Seele geraubt und bis auf den Grund geleert, der sie vergessen hatte, – die Mischung seiner trotz alledem zärtlich geliebten Züge mit ihren eigenen Zügen.

Die lachenden grauen Augen sind vom Vater. Die graziösen rosigen Ohrmuscheln – von der Mutter. Die weichen Linien der Lippen und des Kinns – vom Vater. Die rundlichen Schultern, zart wie die eines jungen Mädchens, – von der Mutter. Das goldblonde, leichtgelockte Haar – vom Vater. Und die rührenden Grübchen in den rosigen Wangen – von der Mutter.

Nadeschda Alexejewna kannte genau seine Züge und Glieder und alle seine Bewegungen und Gewohnheiten. Die Haltung der Hände und die Art, die Beine zu kreuzen, waren vom Vater, obwohl der Ungeborene seinen Vater nie gesehen hatte. Das Lachen, das zarte schamhafte Erröten hatte der Ungeborene von seiner Mutter.

Es war so süß und zugleich so schmerzhaft, als ob ein zärtlicher, rosiger Finger grausam und liebevoll eine tiefe Wunde aufwühlte. Es tat weh, wie konnte sie ihn aber von sich weisen?

»Ich will dich gar nicht fortjagen, mein ungeborener Junge. Lebe wenigstens so, wie du es kannst. Dieses Leben ist ja das einzige, das ich dir geben kann...«

»Es ist das Leben der Träume. Du lebst nur in meinen Träumen. Du armer, lieber Ungeborener! Du kannst dich niemals deiner selbst freuen, kannst nicht für dich selbst lachen und um dich selbst trauern. Du lebst und du bist nicht. In der Welt der Lebenden unter Menschen und Dingen bist du nicht. Du lebst, bist so lieb und so heiter und bist nicht. Das habe ich an dir verbrochen!«

Nadeschda Alexejewna sagte sich zuweilen:

»Jetzt ist er noch klein und weiß es nicht. Wenn er aber einmal groß ist und alles erfährt, wird er Vergleiche zwischen sich und den Lebenden anstellen und gegen seine Mutter Anklage erheben. Dann werde ich sterben müssen.«

Sie dachte gar nicht daran, daß alle ihre Gedanken wahnsinnig erscheinen würden, wenn sie der gesunde Menschenverstand, der schreckliche und wahnsinnige Richter aller unserer Handlungen richten wollte. Sie dachte nicht daran, daß der von ihr ausgeschiedene, kleine häßliche, zusammengeschrumpfte Keim nur ein lebloses Klümpchen gewesen war, ein Stück tote, unbeseelte Materie. Der Ungeborene lebte in ihrem Geiste und marterte unaufhörlich ihr Herz.

Er war ganz licht und trug ein lichtes Gewand. Seine Arme und Beine waren licht, seine unschuldigen Augen blickten heiter, und ein unschuldiges Lächeln umspielte seine Lippen. Sein Lachen klang hell und freudig. Wenn sie ihn umarmen wollte, lief er zwar davon und versteckte sich, blieb aber immer irgendwo in ihrer Nähe. Wenn sie ihn umarmen wollte, lief er davon, wenn sie aber mit geschlossenen Augen allein in ihrem Zimmer saß, umschlang er manchmal selbst ihren Hals mit seinen warmen, weichen Ärmchen und berührte ihre Wange leicht mit den Lippen. Auf den Mund hatte er aber sie noch nie geküßt.

»Er wird größer werden und alles verstehen,« sagte sich Nadeschda Alexejewna. »Er wird sich traurig von mir abwenden und mich für immer verlassen. Und dann werde ich sterben.«

Auch jetzt, als sie, im eintönig polternden überfüllten Trambahnwagen unter fremden, in Pelze gehüllten Menschen, die ihre Weihnachtseinkäufe vor sich auf dem Schoß liegen hatten, saß und die Augen schloß, erblickte sie vor sich ihren Sohn. Sie sah seine heiteren Augen und hörte, ohne auf die Worte zu achten, sein leises Flüstern. So ging es bis zur Haltestelle, wo sie aussteigen mußte.

Nadeschda Alexejewna stieg aus der Trambahn und schritt durch die schneeverwehten Straßen der Vorstadt, an den niederen Häusern, Gärten und Zäunen vorbei. Sie ging allein. Die Leute, denen sie begegnete, waren ihr fremd. Das geliebte, schreckliche Wesen begleitete sie nicht mehr. Sie dachte:

»Meine Sünde ist immer mit mir. Ich kann ihr nicht entfliehen. Wozu lebe ich noch? Ssersoscha lebt ja auch nicht mehr.«

Ein dumpfer Schmerz bohrte in ihrer Seele, und sie wußte nicht, wie sie diese Frage beantworten sollte: Wozu lebe ich? Und wozu werde ich sterben?

Sie dachte:

»Mein Kleiner ist immer mit mir. Jetzt ist er schon acht Jahre alt und kann vieles verstehen. Warum zürnt er mir aber nicht? Hat er gar keine Lust, mit den andern Kindern zu spielen, den Schneehügel da herunterzurodeln? Lockt ihn denn nicht die Schönheit unseres irdischen Lebens, die Schönheit, an der ich mich einst berauschte, die bezaubernde, wenn auch oft trügerische Schönheit dieser lieben Erde, der besten aller möglichen Welten?«

Während Nadeschda Alexejewna durch die fremde und gleichgültige Straße weiterging, wurden diese Gedanken von andern verdrängt. Sie dachte an die Familie ihrer Schwester, zu der sie ging: an den unter der Last der Arbeit schier zusammenbrechenden Schwager, an die ewig müde Schwester, an die große Schar der lärmenden, ungezogenen, immer bettelnden Kinder, an die kleine Wohnung und die ständige Geldnot. An die Neffen und Nichten, die sie liebte. Und an den Gymnasiasten Sserjoscha, der sich das Leben genommen hatte.

Wer hätte es erwartet? Er war ein so aufgeweckter, lustiger Junge.

Sie erinnerte sich noch an das Gespräch, das sie mit Sserjoscha in der vorigen Woche gehabt hatte. Der Junge schien traurig und aufgeregt. Die Rede war auf irgendeinen Vorfall, von dem er in einer russischen Zeitung gelesen hatte, also auf etwas Unheimliches und Tragisches, gekommen. Sserjoscha hatte gesagt:

»Das Leben zu Hause ist schon schwer genug, und wenn man eine Zeitung in die Hand nimmt, so sieht man auch nichts als Grauen und Ekel.«

Nadeschda Alexejewna hatte darauf etwas erwidert, woran sie selbst nicht glaubte. Sie hatte den Neffen von seinen trüben Gedanken ablenken wollen. Sserjoscha hatte aber traurig gelächelt und gesagt:

»Tante Nadja, bedenke doch, wie häßlich alles ist! Bedenke, was um uns vorgeht! Es ist doch zu schrecklich, wenn der beste aller Menschen, ein so alter Mann von zu Hause wegläuft und irgendwo in der Wildnis stirbt! Er hat deutlicher als wir all das Grauen empfunden, in dem wir leben, und er konnte es nicht ertragen. Er lief fort und starb. Es ist zu schrecklich!«

Er hatte eine Weile geschwiegen und dann die Worte gesagt, die Nadeschda Alexejewna so furchtbar erschreckten: »Tante Nadja, ich will es dir ganz offen sagen. Du bist so lieb und du wirst mich verstehen. Es ist mir so schwer, unter all den Dingen, die um uns vorgehen, zu leben. Ich weiß, daß ich ebenso schwach bin wie die andern und daß ich nichts ändern kann. Einmal werde ich wohl selbst von all dem Ekelhaften hineingezogen werden. Tante Nadja, wie richtig hat doch Nekrassow gesagt: Herrlich ist es, jung zu sterben!«

Nadeschda Alexejewna war sehr erschrocken und hatte lange auf Sserjoscha eingeredet. Schließlich glaubte sie ihn umgestimmt zu haben. Er hatte ihr lustig zugelächelt – es war sein gewöhnliches sorgloses Lächeln gewesen – und hatte gesagt:

»Es ist schon gut! Wir wollen sehen, was das Leben weiter bringt. Der Fortschritt bewegt alle Dinge, und sein Siegeszug ist unaufhaltsam.«

Sserjoschas Lieblingsdichter war weder Nadson noch Balmont, sondern Nekrassow.

Nun ist Sserjoscha nicht mehr. Er hat sich erschossen. Er wollte also nicht weiter leben und den Siegeszug des Fortschrittes mitansehen. Was mag jetzt wohl seine Mutter tun? Küßt sie seine toten, wachsgelben Hände? Oder streicht sie Butterbrot für die hungrigen, verängstigten, verweinten Kinder, die seit dem frühen Morgen noch nichts gegessen haben und in ihren abgetragenen Kleidchen und Anzügen mit durchwetzten Ellenbogen so elend aussehen? Oder liegt sie auf ihrem Bett und weint, weint ohne Ende? Wie glücklich ist sie, wenn sie weinen kann! Gibt es denn etwas Süßeres als Tränen?

Nadeschda Alexejewna war endlich am Ziel. Sie lief so schnell die steile Treppe zum vierten Stock hinauf, daß ihr der Atem ausging und sie vor der Tür stehen bleiben mußte, um auszuschnaufen. Schwer keuchend stand sie da, hielt sich mit der rechten Hand im warmen gestrickten Handschuh am eisernen Treppengeländer fest und starrte auf die Tür. Sie hatte noch nicht geklingelt.

Die Tür war mit Filz und darüber mit schwarzem Wachstuch beschlagen. Das Wachstuch war, der Schönheit oder Haltbarkeit wegen, kreuzweise mit schwarzen Streifen besetzt. Einer dieser Streifen war abgerissen und hing herunter. Das Wachstuch hatte an dieser Stelle ein Loch, aus dem grauer Filz hervorguckte. Bei diesem Anblick krampfte sich Nadeschda Alexejewnas Herz schmerzvoll zusammen. Ihre Schultern bebten. Sie drückte die Hände ans Gesicht und begann zu schluchzen. Eine plötzliche Schwäche überkam sie, sie setzte sich auf den Treppenabsatz und ließ den Tränen freien Lauf. Unter den warmen gestrickten Handschuhen brach aus den geschlossenen Augen ein unaufhaltsamer Tränenstrom hervor.

Auf der Treppe war es kalt, still und finster. Die drei Wohnungstüren standen nebeneinander verschlossen und stumm. Nadeschda Alexejewna saß auf dem Treppenabsatz und weinte. Plötzlich hörte sie die wohlbekannten leichten Schritte. Sie war wie versteinert und voll freudiger Erwartung. Ihr Sohn ging auf sie zu, umschlang ihren Hals und schmiegte sein Gesicht an ihre Wange. Dann nahm er mit seinem warmen Händchen ihre Hand im gestrickten Handschuh vom Gesicht weg, berührte mit zarten Lippen ihre Wange und sagte:

»Warum weinst du? Bist du denn schuld?«

Sie lauschte stumm seinen Worten und wagte nicht, sich zu rühren oder die Augen zu öffnen, damit er nicht verschwinde. Sie ließ die rechte Hand, die er ihr vom Gesicht genommen hatte, in den Schoß sinken und behielt die Linke auf den Augen. Sie bemühte sich, die Tränen zurückzuhalten, damit ihr Weinen, das unschöne Weinen des armen Erdenweibes ihn nicht verscheuche.

Er sagte:

»Dich trifft keine Schuld.«

Er küßte sie wieder auf die Wange und wiederholte die schrecklichen Worte Sserjoschas:

»Ich will hier nicht leben. Hab Dank, liebe Mutter.«

Dann sagte er wieder:

»Glaube es mir, liebe Mutter, ich will gar nicht leben.«

Diese Worte hatten aus dem Munde Sserjoschas so schrecklich geklungen, weil er, dem eine unbekannte Macht lebendige Menschengestalt verliehen, die Pflicht gehabt hatte, den ihm anvertrauten Schatz zu bewahren. Die gleichen Worte klangen aber aus dem Munde des Ungeborenen wie eine frohe Botschaft. Sie fragte ihn ganz leise, kaum hörbar, damit der Klang der irdischen Worte ihn nicht erschrecke:

»Liebes Kind, hast du es mir vergeben?«

Und er antwortete:

»Dich trifft keine Schuld. Wenn du es aber willst, vergebe ich dir.«

Das Vorgefühl einer ungeahnten Freude erfüllte plötzlich das Herz der Mutter. Sie wagte noch nicht zu hoffen und wußte nicht, was noch kommen würde. Langsam und scheu streckte sie ihre Arme aus, – und plötzlich saß der Ungeborene auf ihrem Schoß, sie fühlte auf ihren Schultern seine leichten Arme und auf ihren Lippen seine Lippen. Sie küßte ihn immer wieder, und es war ihr, als ob auf ihren Augen der Blick des Ungeborenen ruhte, strahlend, wie die Sonne über der frommen Welt. Sie hielt aber ihre Augen geschlossen, um das, was ein Sterblicher nicht sehen darf, nicht zu sehen und daran nicht zu sterben.

Die kindlichen Arme lösten sich, und auf den Stufen erklangen leichte sich entfernende Schritte. Der Kleine war fort. Nadeschda Alexejewna erhob sich, wischte sich die Tränen aus den Augen und klingelte an der Tür ihrer Schwester. Von Ruhe und Glück erfüllt, ging sie zu den Gramgebeugten, um Hilfe und Trost zu bringen.

Die trauernde Braut

Wann sollte es auch Absonderheiten geben, wenn nicht in unseren Tagen, in den grausamen und traurigen Tagen, wo der vielfältige Reichtum der sich im Leben verwirklichenden Möglichkeiten unerschöpflich erscheint?

So traten vor nicht langer Zeit mehrere junge Mädchen zu einer Art Verein zusammen, dem beizutreten außerordentlich schwer war und dessen Zweck und Tätigkeit gewiß als seltsam zu bezeichnen sind:

So oft in der Stadt ein junger Mann starb, der noch keine Braut hatte, mußte eines der Mädchen Trauer anlegen und an Stelle einer Braut zur Beerdigung kommen.

Die Verwandten staunten darüber sehr, die Bekannten weniger, doch die einen wie die andern glaubten, daß über dem frischen Grabe irgendein schönes und trauriges Geheimnis schwebe.

Diesem Verein gehörte auch eine gewisse Nina Alexejewna Bessonowa an, ein sich immer grundlos langweilendes, nicht gerade hervorragend schönes, aber doch recht anmutiges junges Mädchen. Viele waren in sie sogar verliebt, – was hätten alle die jungen Gymnasiasten auch sonst anfangen sollen? – Sie langweilte sich aber nichtsdestoweniger.

Endlich kam auch an Nina die Reihe, einen ihr unbekannten Bräutigam zum Grabe zu geleiten.

»Der Nächste ist der Ihrige!« sagte man ihr.

Diejenigen, die noch nicht an der Reihe gewesen waren, beneideten sie. Die Freundinnen, die ihre düstere und schöne Bestimmung bereits erfüllt hatten, blickten Nina mitleidig und traurig an.

Nina kam an jenem Tage in seltsamer Aufregung nach Hause.

Nun begann für sie eine endlose Reihe ermüdender Tage voll untätiger Sehnsucht und Trauer.

Auf jedem Schritt und Tritt quälten sie schwere Vorahnungen und Vorbedeutungen, die Tränen und Tod eines geliebten Wesens kündeten.

So bedrückend war das Wissen, daß nach Ablauf einer bestimmten, doch unbekannten Zeit ein Unbekannter, doch Geliebter und Teurer sterben müsse! Und daß mit ihm auch die Möglichkeit eines Glücks entschwinden werde!

Wer ist dieser Todgeweihte? Warum ist es ihm nicht beschieden, ihren Weg noch vor der Sterbestunde zu kreuzen? Vielleicht könnte sie ihn warnen, retten? Vielleicht könnte sie ihm vom unerbittlichen Schicksal Tage und Stunden süßen Vergessens erflehen?

Ich weiß nicht, wer er ist, aber er tut mir so leid!

So jung ist er, und der unerbittliche Tod lauert schon auf ihn, und nichts kann ihn warnen oder retten!

Nina beneidete manchmal ihre Freundinnen, die den schönen und traurigen Brauch bereits erfüllt halten und ihre leichten Trauergewänder nur noch auftrugen. Die Trauergewänder, die ihnen so gut zu Gesicht standen, daß die Leute auf der Straße manchmal stehen blieben und ihnen nachsahen.

Man konnte ja nicht im voraus wissen, ob das Ereignis nicht schon sehr bald eintreffen würde. Nina mußte immer bereit sein, dem ersten Rufe zu folgen. Sie ließ sich daher sofort die ganze Trauerausstattung machen. Natürlich ohne Wissen der Ihrigen. Obwohl es ihr recht ärgerlich war, alles vor ihren Angehörigen verheimlichen zu müssen.

Um die Kosten der Trauerkleider brauchte sie sich nicht zu kümmern: die Vereinskasse zahlte alles. Der Verein harte eine recht straffe Organisation und erhob von seinen Mitgliedern monatliche Beiträge; wie jeder andere Verein hatte er ab und zu auch noch andere Einkünfte.

Obwohl sie sich also um die Kosten nicht zu kümmern brauchte und die bestellten und gekauften Sachen gut in ihrem Zimmer verstecken konnte, mußte sie die Trauerkleider doch früher oder später einmal anlegen. Es wäre natürlich vernünftiger gewesen, die Angehörigen schon vorher darauf vorzubereiten. Nina scheute sich aber aus irgendeinem Grunde, mit ihrer Mutter darüber zu reden.

Wie sollte sie es ihr auch sagen?! Sie hätte ihr ja alles erklären müssen; die Mitglieder des Vereins waren aber verpflichtet, jedem Unbeteiligten gegenüber strengste Verschwiegenheit zu bewahren. Sie hätte also der Mutter etwas vorlügen müssen, aber sie empfand Ekel vor jeder Lüge. Sie schob die Aussprache von Tag zu Tag hinaus und beschloß zuletzt, alles dem Zufall zu überlassen.

»Es wird sich schon irgendwie machen,« sagte sie sich.

Man brachte ihr das Kleid, – Nina hatte dazu eine Stunde gewählt, wo ihre Mutter nicht zu Hause war, – und sie verwahrte es in ihrem Zimmer.

Jeden Abend holte sie die Trauersachen hervor und breitete sie auf dem Bett und auf den Stühlen aus. In ihrem Zimmer war alles weiß und rosa; vor den Fenstern schwebten leichte durchsichtige Vorhänge; zart und liebevoll dufteten die Feldblumen in den hübschen Gläsern und Vasen, und draußen glühte über dem stahlblauen Meere in mädchenhafter Scham das Abendrot. All das Mädchenhaft-Keusche und Lichte ließ die schwarzen Gewänder noch düsterer erscheinen. Ihr Anblick erfüllte das Herz mit Grauen und entlockte den sehnsuchtsvollen Augen Ströme schnell blinkender Tränen.

Sie betrachtete die schwarzen Gewänder und weinte. Lange weinte sie so.

Manchmal legte sie die Kleider an und trat vor den Spiegel. Das einfache schwarze Kleid und der Hut von strenger Form standen ihr ungewöhnlich gut zu Gesicht, und dies vertiefte noch mehr ihre Trauer und vergrößerte ihren Drang zu weinen.

Wenn sie des Morgens die Augen aufschlug, fragte sie sich voller Angst, ob das erwartete Unglück nicht schon eingetroffen sei. Die Sonne – ein böser Drache – stand hoch am Himmel, der Garten leuchtete, von ihrem grausamen Licht übergossen, in glühender Pracht, und ein neuer rasender Tag blickte durch die zarten Vorhänge herein und blendete die Augen. Nina schleuderte aber dem Tageslicht und dem wahnsinnig dahinhastenden Leben die bösen, von quälender Vorahnung vergifteten Worte entgegen:

»Mein Geliebter wird bald sterben!«

Finster, wie benebelt, trat sie ins Eßzimmer, und die Trauer ihrer lieblichen Züge stand in seltsamem Widerspruch zu ihrer lichten Erscheinung.

Die Mutter sah sie bestürzt an und fragte:

»Warum bist du so traurig, Ninotschka? Was hat dich so aufgeregt? Was ist denn los?«

Nina gab keine Antwort und lächelte nur traurig und geheimnisvoll vor sich hin. Still und sanft, hübsch gekleidet und frisiert, der Heldin eines Romans gleich, dessen erstes Kapitel kein glückliches Ende verheißt, setzte sie sich auf ihren Platz am Frühstückstisch.

Die Mutter konnte von ihr unmöglich herausbekommen, was sie hatte.

Als sie aber einmal nach dem Abendtee auf der Veranda saß, schmiegte sie sich plötzlich, von ihrer eigenen Trauer gerührt, von der Stille der nordischen weißen Nacht bezaubert, vom Anblick der Raketen, die man irgendwo in der Nähe irgendeinem unbekannten Geburtstagskinde zu Ehren steigen ließ, aufgeregt, in einer Anwandlung von Offenherzigkeit, zutraulich an die Mutter, von deren dunkelgrauem Kleide sie sich als weißer Nebelfleck abhob, brach in Tränen aus und sagte sehr leise:

»So schwer ist es mir ums Herz! Mich quält eine trübe Vorahnung ... Daß mir irgendein Unheil droht...«

Die Mutter wurde unruhig. Sie umarmte Nina. Sie tröstete sie, wie man ein kleines Kind tröstet:

»Was fällt dir ein, Ninotschka? Gott sei mit dir! Was soll denn kommen? Kind, glaube nicht an Vorahnungen, du bist ja kein Großmütterchen. Wer glaubt heutzutage noch an solche Dinge?«

Nina wischte sich die Tränen aus den Augen und sagte mit erzwungenem Lächeln und geheuchelter Ruhe:

»Du hast recht, Mutter, ich weiß selbst, daß es dumm ist. Und doch habe ich das Gefühl, daß ihm irgendein Unheil droht.«

»Wem denn, Nina?« fragte die Mutter.

Sie rückte von ihr etwas weg und blickte die Tochter mit ihren kurzsichtigen grauen Augen an. Und Nina antwortete, mit Mühe die Tränen zurückhaltend:

»Meinem Geliebten, meinem Bräutigam.«

»Was sagst du, Ninotschka?!« fragte die Mutter erstaunt. »Was für einem Geliebten? Hast du denn einen Bräutigam?«

»Ich habe keinen Bräutigam,« erwiderte Nina traurig. »Nein, ich habe keinen, aber das hat doch nichts zu sagen! Ich habe nur die Vorahnung, daß ich mich in ihn verlieben werde, daß er mir teurer als mein Leben sein wird, und daß er plötzlich sterben muß.«

Nina brach wieder in Tränen aus. Die erstaunte Mutter bemühte sich, sie zu trösten und gab ihr irgendwelche beruhigende Tropfen ein. Nina blickte ihr ins erschrockene und erstaunte Gesicht, das ihr plötzlich komisch vorkam, und mußte lachen.

An diesem Abend sah sie sich ihre Trauerkleider nicht an und schlief ruhig ein. Als sie aber am Morgen die Augen aufschlug und das lustige Vogelgezwitscher und die Stimmen Minkas und Tinkas, die über etwas stritten, hörte, fühlte sie sich wieder von Gram ergriffen.

Ihre beiden kleinen Brüder, die Gymnasiasten Minka und Tinka, machten sich über ihre geheimnisvolle Trauer lustig und neckten sie.

Ihr war aber so traurig zumute, daß sie den dummen Jungen, die ihr so furchtbar zusetzten, gar nicht zürnte: was verstehen solche Bengel?! Der Tag neigte dem Abend zu. Auf der in festliche Sommergewänder gekleideten Erde war es aber noch heiß, und die Weite und Stille der hohen Himmelskuppel erschien ungewöhnlich feierlich. Nina stand am Strande und blickte in die Ferne des Himmels und des Wassers.

Kleine, schnelle Vögel jagten geschäftig hin und her, und Nina hörte über sich ihre feinen gedehnten Schreie.

Der feste, von den Wellen glattgestampfte Sand teilte ihren Sohlen seine warme Sprödigkeit und Feuchtigkeit mit. Er kitzelte leise die zarte Haut ihrer Füße, die gegen die Berührung des schönen Sandes der irdischen Gestade noch nicht abgestumpft war.

Die sanften breiten Wellen des nahen, lieben Meeres, in dem die Menschen ebensogut wie in einem fernen Meere ertrinken konnten, plätscherten und küßten ihre schlanken, von der Sonne gebräunten Beine. Freudig und frei atmeten unter dem leichten Gewand die beiden Wellen ihrer gebräunten Brüste.

So stand sie da, blickte in die blaue Ferne und gab sich ihren süßen, traurigen Gedanken hin.

»Wer ist er denn, mein Geliebter, den ich zum Grabe geleiten, an dessen Bahre ich weinen werde? Seine Augen werden mich niemals sehen, und seine Lippen werden mir niemals lächeln...

»Nie wird er mich umarmen, nie wird er mir sagen:

›Ich liebe dich, Geliebte! Du bist mir lieber als das Leben!‹«

Ihr Herz verzehrte sich in einer trüben Vorahnung, sie wollte so gerne weinen, sie wußte aber noch nicht, um wen.

Wie wonnevoll wäre es, auf den Sand niederzufallen, in grenzenloser Verzweiflung zu schluchzen und die Trauer der verdüsterten Seele den Winden und den Wellen anzuvertrauen!

Es fiel ihr ein, was sie gestern von einer ihrer Freundinnen gehört hatte. Die Rede war vom bevorstehenden Duell zwischen dem Fürsten Ordyn-Ulussow und dem Gatten der Frau, die ihn liebte. Wie schade, daß sie dem Sarge des jungen und schönen Fürsten nicht folgen darf! Er liebt ja eine andere, und die Geschichte dieser schönen, rührenden und wahnsinnigen Liebe ist der ganzen Stadt bekannt: die wahre Liebe setzt sich ja über alle Vorurteile des Lebens hinweg und behauptet sich selbst nach dem Tode.

Es ist ja auch möglich, daß keiner der Rivalen den andern tötet, und daß die Sache glücklich abläuft. Soll er nur leben, was kümmert es sie?!

Die Spannung der Vorahnung wuchs immer mehr an und wurde unerträglich.

Das glühende Abendrot vergiftete die stille Trauer ihrer Seele mit Leidenschaft und ergoß unter der verschmachtenden Wüste des kalten Zenits Ströme brennenden Blutes über die Welt.

Nina ging nach Hause. Nun erschien ihr der Sand unangenehm feucht. Sie ärgerte sich schon, daß sie ihre Schuhe zu Hause gelassen hatte und barfuß gehen mußte.

Nein, es war eigentlich kein Ärger, es war nur ein unklares Unlustgefühl, eine gegenstandslose Trauer. Eine Last, die sie tragen mußte.

In der Nähe ihrer Sommerwohnung erblickte sie eine wohlbekannte Gestalt. Sie sah genauer hin – es war Natascha Lestschinskaja.

Nina fühlte plötzliche Freude und zugleich Trauer. Ob die Freundin ihr nicht die ersehnte Trauerbotschaft brachte?

Da naht sie wie das Schicksal, um die Seele mit Gram zu beladen, um das verschmachtende Herz zu verwunden.

Nina konnte schon aus der Ferne sehen, daß Natascha aufgeregt war. Gewiß bringt sie irgendeine bedeutsame Nachricht.

Nina zitterten vor Aufregung die Hände, und sie spürte eine plötzliche Kälte in den Knien. Sie wollte schon der Freundin entgegenlaufen, ihr Herz begann aber plötzlich so heftig zu klopfen, daß sie stehen bleiben mußte.

Sie errötete. Sie stand lächelnd, die Arme auf der Brust gekreuzt, in seltsam ungeschickter Haltung da. So bestürzt und unsicher war ihr Lächeln.

»Natascha, bist du es?« sagte sie verlegen. »Wie freue ich mich!«

Sie verstummte, durch die Unnatürlichkeit ihres eigenen Tonfalles verwirrt.

»Ninotschka...« begann Natascha, auf sie zugehend, noch atemlos vom schnellen Gehen. Ihr Gesicht hatte einen besorgten Ausdruck, und die schwarzen Locken, die vorne unter dem gelben, mit einer gelben Straußfeder geschmückten Strohhute hervorquollen, verliehen ihrem sonnenverbrannten Gesicht einen seltsam kecken und allzu selbstbewußten Ausdruck.

»Ja? Ist er tot? Der Meine?« stammelte Nina erschrocken.

Natascha erwiderte hastig:

»Er ist tot. Denk dir nur: er hat sich erschossen! Wie interessant, nicht wahr? Was für Glück du hast!«

Nina fing zu weinen an. So rührend und unglücklich erschien sie in der von rosa und blauem Licht durchfluteten Luft, in ihrem einfachen blauen, mit weißen Streifen besetzten Kleide, mit ihren sonnenverbrannten, schlanken, sanften Beinen vor der eleganten, rotbackigen, lebhaften, in üppiges Gelb gekleideten Freundin, die vom schnellen Gehen auf hohen Absätzen ermüdet war und schwer atmete.

Nina fragte leise weinend:

»Wer ist's?«

Ihre Stimme klang so leise und schüchtern wie die eines weinenden Kindes.

Natascha drückte ihr freundlich die Hand.

»Es ist allerdings sehr traurig,« sagte sie. »Er ist noch so jung. Es ist der Student Ikonnikow.«

»War er allein?« fragte Nina.

»Ja, als er sich erschoß, war er allein. Die ganze Familie war in der Sommerfrische. Er kam untertags in die leere Stadtwohnung, schrieb einige Briefe, trug sie selbst zum Briefkasten und übernachtete allein zu Hause. Am Morgen erschoß er sich. Im Hause hatte es niemand gemerkt, bis die Eltern in die Stadt kamen. Er hatte ihnen einen Brief aufs Land geschrieben. Sie wohnen, glaube ich, in Pawlowsk...«

Nina schwieg. Erst als sie im Garten bei ihrer Wohnung waren, sah sie Natascha fragend an. Natascha verstand den Blick und sagte:

»Übermorgen ist die Beerdigung. In Petersburg.«

Sie traten ins Haus.

»Was weinst du, Nina?« fragte die Mutter.

»Er ist tot,« antwortete Nina kurz und trocken, beinahe feindselig.

»Wer ist tot?«

Die Nachricht, daß jemand gestorben sei, ließ Alexandra Pawlownas Herz erkalten. Sie hatte, wie fast jede alternde Frau, eine dunkle Angst vor dem Tode; es war ihr, als ob ihr jemand mit deutlicher, dumpfer Stimme gesagt hatte:

»Auch du wirst sterben!«

»Ach, Mama,« antwortete Nina mit einer Gereiztheit, die ihr sonst fremd war. »Du kennst ihn ja nicht.«

»Auch ich selbst kenne ihn nicht,« dachte sie sich dabei.

Dieser Gedanke durchquerte das dunkle Gewebe des Erlebnisses wie ein lächerlicher weißer Faden, und es wurde ihr noch trauriger zumute.

Die Mutter wandte sich an die Freundin:

»Sagen Sie es mir wenigstens, Natascha: wer ist tot?«

Natascha, die gerade vor dem Spiegel stand und den Hut ablegte, sagte hastig, Gleichgültigkeit heuchelnd, doch sehr erregt

»Unser Bekannter, der Student Ikonnitow hat sich erschossen. In der Stadt. Niemand weiß, warum. So jung war er noch. Wissen Sie, in der letzten Zeit gibt es jeden Augenblick einen Selbstmord, und er tut uns furchtbar leid. So jung war er, und niemand kennt den Grund. Die Wunde ist an der Schläfe, wie ein kleiner blauer Fleck sieht sie aus. Das Gesicht ist aber ruhig.«

»Ich fahre zur Seelenmesse,« sagte Nina sehr entschieden.

»Nina!«

Die Mutter ließ sich in einen Sessel sinken, sah die Tochter an und wußte nicht, was zu sagen.

»Unbedingt! Halte mich, um Gottes willen, nicht zurück!« rief Nina aus.

Natascha setzte sich neben Alexandra Pawlowna und sagte leise:

»Machen Sie sich, bitte, keine Sorgen. Ich will mit ihr hinfahren und werde die ganze Zeit mit ihr sein.

Nina ging auf ihr Zimmer.

»Was hat sie? Wissen Sie es nicht, Natascha?« fragte Alexandra Pawlowna. »Sie war in den letzten Tagen so schwermütig. Was ist los? Wer ist dieser Ikonnikow?«

»Sie ist so furchtbar leicht erregbar,« antwortete Natascha. »Den Ikonnikow kenne ich ganz flüchtig. Ich weiß gar nicht, was ich Ihnen sagen soll. In unseren Tagen gibt es so viele Dinge, die einem das Herz schwer machen. Was Nina mit ihm hatte, weiß ich wirklich nicht.«

Nina kam bald in tiefer Trauer, mit schwarzem Schleier und Handschuhen, zum Ausgehen bereit, ins Zimmer, und die Mutter sah sie wieder erstaunt an.

»Nina, woher hast du die Trauerkleider?«

»Ach, Mama!«

»Nina, das ist keine Antwort. Ich will es wissen. Ich muß es wissen.«

»Mama, quäle mich nicht. Ich habe es auch ohnehin so schwer. Ich sagte dir ja, daß ich das Unglück vorhergeahnt habe. Mein Bräutigam ist tot. Ich fahre gleich hin.«

Sie schien fast ganz ruhig.

»Warte doch noch ein wenig, trinke wenigstens Tee. Es gibt ja jetzt sowieso keinen Zug,« sagte die Mutter bestürzt, erschrocken und geärgert.

Die langweilige Stunde der Erwartung schleppte sich langsam dahin. Alles erschien ihr so ekelhaft und überflüssig: das Teetrinken, das Essen, das Lampenlicht, das sich mit dem Widerscheine des verblutenden Abendrots vermengte, das Klirren der Teelöffel, das sie jedesmal zusammenfahren ließ, das Lachen Minkas und Tinkas und die erstaunten Fragen der Mutter. Und dabei mußte sie auch noch etwas sprechen!

Nina war sehr traurig. Sie fing einigemal zu weinen an. Natascha flüsterte ihr besorgt zu:

»Du fängst zu früh an. Du wirst schnell müde werden. In den entscheidenden Augenblicken wird es dir an Stimmung fehlen.«

»Natascha, hör auf. Du verstehst nichts,« entgegnete Nina verdrießlich flüsternd.

Endlich saß sie mit Natascha im Zuge.

Der Wagen war halb leer. Die wenigen zufälligen Reisegenossen blickten Nina entzückt und gerührt an.

Natascha fragte:

»Nina, du hast ihn doch sicher gekannt?«

»Natürlich nicht.«

»Warum weinst du dann so?«

»Glaubst du, daß es leicht ist, seinen Bräutigam zum Grabe zu geleiten?« Nina fing plötzlich zu lachen an.

»Ich weine auch nicht mehr. Ich lache schon.«

»Und hast dabei Tränen in den Augen?«

»Die Tränen kommen vom Lachen.«

Und sie weinte weiter.

Natascha versuchte, ihre Gedanken auf lustige, angenehme und komische Dinge zu lenken. Das wollte ihr aber nicht gelingen.

»Pfui, du bist wie ein kleines Kind!« sagte Natascha. »Nimm dich, bitte, zusammen. Du bekommst noch einen hysterischen Anfall, – was fange ich dann mit dir an?«

Als sie durch die Straßen der sommerlichen Stadt fuhren, war es schon ganz dunkel, und alles erschien Nina wie ein schwerer Albdruck, der plötzlich zur Wirklichkeit wird.

Zwischen zwei Wolken schwebte der bleiche Mond, und sein schwankendes Spiegelbild flimmerte im Wasser des Kanals. Das unendlich stille Funkeln der Sterne über dem rohen Dröhnen der bösen, schmutzigen Straßen winkte wie ein bitteres Gift.

Vor einem Vergnügungspark leuchteten bunte Girlanden roter, gelber und blauer Lampions, und am langweiligen weißen Bretterzäune schrien freche Plakate.

Eine bunt gekleidete und roh geschminkte Menge strömte zu Fuß und zu Wagen herbei, und ein unsichtbarer, doch allen längst bekannter Zeigefinger deutete auf das unverhüllte häßliche Wort: »Billige Prostitution.«

Diese Menge, die sich vergnügen wollte, war vom Taumel ergriffen, von der armseligen, erzwungenen Freude um jeden Preis.

Wie beleidigend ist die Freude, wenn die Seele vor Trauer schluchzt. Diese grausamen Menschen! Wie können sie sich freuen, wenn er, der Junge und Schöne mit einer Schußwunde an der Schläfe tot daliegt?!

Nina übernachtete bei Natascha. Sie hatte es dort leichter als zu Hause. Natascha sagte ihren Angehörigen leise:

»Ihr Bräutigam ist gestorben.«

Alle ließen sie in Ruhe und sahen sie nur zärtlich und voller Mitgefühl an. Nachts hatte sie freundliche und traurige, dabei etwas unheimliche Träume.

Die gegen die irdische Trauer gleichgültige, grelle und böse Sonne schleuderte so plötzlich, als hätte sie zuvor lange gelauert, ihr flüssiges, erst belebendes und dann tötendes Feuer zum Fenster herein, und der Strom geschmolzenen Goldes stoß immer breiter und greller über den grünen Teppich.

Es war der Morgen eines Tages, der viel Trauer und Mühe und hoffnungslose Gebete verhieß.

Nina erwachte in einem fremden Bett, über dem vom flüssigen Gold übergossenen grünen Teppich. Sie hatte Tränen in den Augen, fühlte Mattigkeit im ganzen Körper und hörte nur das eine Wort:

»Tot!«

Niemand hatte das Wort gesprochen, – und doch krampfte sich das von Trauer gebundene Herz schmerzlich zusammen.

Und wieder kamen ihr Tränen...

Sie dachte: »Nun werde ich mein Leben lang jeden Morgen beim Erwachen daran denken, daß er, mein Geliebter, tot ist.«

Als sie sich anzog und sah, wie gut ihr die Trauerkleidung zu Gesicht stand, glitt ihr ein freudiges Lächeln über das Gesicht. Sie trieb Natascha, die sie zu dem Hause, wo ihr Geliebter aufgebahrt lag, begleiten sollte, zur Eile an. Zugleich ordnete sie sorgfältig die Falten des schwarzen Flors auf ihrem sonnengebräunten, doch blassen, lieblichen Gesicht.

Auf der Treppe der fremden Wohnung gab es viele Blumen und Teppiche, – grüne und orangegelbe Blattpflanzen in messinggefaßten Gläsern vor den Fenstern, – Bronzegeländer und Marmorsäulen: – so konnte ihre Trauer bis ans Ende ihre Schönheit bewahren. Sie brauchte nicht vor einer schmutzigen, nach Katzen riechenden Hintertreppe zu erschauern.

Vor der Wohnungstür im zweiten Stock sah sie einen weißen Sargdeckel stehen ... Und die Mauern um sie her begannen zu schwanken ...

Sie fühlte unter ihrem Arm Nataschas Hand. Sie hörte ihre leise Stimme:

»Hier, liebste Nina ...«

Gramgebeugt, stumm, in lange schwarze Schleier gehüllt, trat Nina in die Wohnung. Ohne auf jemand zu achten, ging sie geradewegs in den Saal, wo auf hohem schwarzen Katafalk im weißen Sarge ihr Geliebter lag.

Jemand ging umher und verteilte Kerzen für die Seelenmesse. Aus einer Seitentüre zog Weihrauchduft herein. Im Saal waren nur wenige Menschen versammelt, und Ninas Erscheinen wurde sofort bemerkt. Niemand kannte sie, und alle staunten über das unbenannte weinende junge Mädchen in tiefer Trauer.

Nina kam näher, stand eine Weile vor dem Katafalk und stieg langsam die Stufen hinan. Sie sah das Bahrtuch, die Blumen und das gelbe Gesicht. Sie beugte sich über den Toten und betrachtete aufmerksam sein stilles Lächeln.

Wie kalt, wie schrecklich kalt ist das Lächeln der toten Lippen! Wie kalt berühren sie die sehnsüchtigen Lippen der Braut! Die toten und kalten Lippen können unter dem heißen Kuß nicht mehr zusammenzucken!

Von der Kälte der toten Lippen versengt, schrie Nina leise auf. Jemand nahm sie am Arm und half ihr die Stufen zum gelben, streng glänzenden Parkett hinuntersteigen. Im blauen Dunste des Weihrauchs begann eben die Seelenmesse, und Nina sank hin, wie wenn sie jemand in die Knie gezwungen hätte.

Die Verwandten tuschelten:

»Wer ist sie?«

»Diese da?«

»Wissen Sie es nicht?«

»Ich glaube, niemand weiß es.«

Natascha stand vor der Türe.

Jemand wandte sich flüsternd an sie:

»Wissen Sie nicht, wer das Fräulein in Trauer ist, das so furchtbar weint?«

Natascha antwortete ebenso leise:

»Es ist die Braut des Verstorbenen.«

»Niemand von der Familie kennt sie aber!« flüsterte der Fragende erstaunt.

»Ja. Es ist eine sehr traurige Geschichte.«

Der eine flüsterte es dem andern zu:

»Es ist die Braut des Verstorbenen.«

Die Verwandten waren erstaunt. Aber alle glaubten es. Wie sollte man es auch nicht glauben?!

Allen diesen nahen und fremden, verschieden gestimmten, traurigen und gleichgültigen Menschen erschien Nina, die niemand kannte, das weinende, rührende, liebliche junge Mädchen in tiefer Trauer als die wirkliche Braut des Studenten, der sich aus unbekanntem Grunde erschossen hatte und nun still und friedlich im schönen weißen Sarg ruhte. Niemand wußte, was für ein Geheimnis die Weinende mit diesem Sarge verband, – ob sie nicht die Ursache seines Todes gewesen sei? – sie erschien aber allen gleich rührend. So erhaben und schön erschien die stumme Trauer des knienden jungen Mädchens neben der Verzweiflung der greisen Mutter und dem stumpfen Schmerz des alten Vaters, die sich so unschön in den geröteten Augen, dem verweinten Schnupfen und den zerzausten grauen Haaren äußerten. Obwohl alle die Eltern kannten, und sie allen fremd war, hatte man doch mehr Mitleid mit ihr, der Rührenden und Lieblichen, die so andächtig kniete und unter den halbdurchsichtigen Falten des Kreppschleiers so bezaubernd aussah. Und selbst der Gedanke, der manchem kam, daß diese trauernde, weinende Braut den Tod des schönen jungen Menschen, der von Blumen, deren Duft ihn nicht erfreuen konnte, im Sarge lag, verschuldet haben könne, – selbst dieser grausame und harte Gedanke konnte das Mitleid mit ihr, das in den stillen Strömen ihrer lichten Tränen seinen Ursprung hatte, nicht niederzwingen. Eine so unendlich tiefe Trauer lag in ihrem tränenfeuchten, zum kalten. Parkett gebeugten Gesicht und in ihrer ganzen Gestalt, – und wenn in dieser Trauer auch ein böser Hauch von Neue enthalten wäre, müßte sie deswegen nicht noch mehr Mitleid erregen? Unter Liebenden kommen ja Streitigkeiten und vorübergehende Entzweiungen vor; sie hatte ihn aber offenbar geliebt: – sonst würde sie nicht so weinen und hätte auch keine Trauer angelegt. Wer kann wissen, was zwischen den Liebenden vorgefallen war? Er aber hat wohl den leichten Schmerz nicht tragen können, er hat sich mit grausamer Hand getötet und ihr Herz in das Grauen der schrecklichen Erinnerung getaucht!

Und sie, die weinende und betende Braut des ihr unbekannten Bräutigams, die sich so willenlos ihrer gemachten Trauer hingab, – was mochte sie wohl empfinden?

Wie sehr sie sich auch danach gesehnt hatte, sich ganz dieser Trauer hinzugeben, wie sehr sie auch durch ihre voll bewußten Vorahnungen darauf vorbereitet war, – die Wirklichkeit übertraf doch alle ihre Erwartungen.

Der Zauber des jungen, von der Ruhe des Todes umschwebten Gesichts, das sie in der Anwandlung erkünstelten Schmerzes geküßt, hatte sich ihrer in diesem kurzen Augenblicke bemächtigt, und sie fühlte, daß sie sich niemals mehr von diesem süßen und versengenden Zauber befreien würde. Etwas, was schöner ist als die Schönheit, mächtiger als die Macht der Liebe, was die Kälte des Todes und die Finsternis des Grabes verachtet, etwas, was sich durch keinerlei menschliche Worte ausdrücken läßt, ein Zauber, den der Tod allein kennt, erfüllte ihr ganzes Wesen, und nun wußte sie es ganz sicher, daß der im weißen Sarge Liegende, von roten Rosen überschüttete, von den blauen Weihrauchwolken Umschwebte – wahrlich der von ihr ersehnte und geliebte Bräutigam war.

Und als sie die Stufen des schwarzen Katafalks hinabstieg und ihre Blicke durch den kalten Raum schweifen ließ, um ein Versteck zu finden, wo sie ihre Tränen verbergen könnte, war ihr Herz schon von unerträglichem Leid durchbohrt. Sie machte zwei oder drei Schritte und fühlte plötzlich, wie ihr der Kopf schwindelte. Sie wandte das Gesicht wieder dem Sarge zu, und ihre Knie zitterten vor Mattigkeit. Nun suchte sie sich keinen Platz mehr und sank dicht vor dem Sarge in die Knie. An ihrer Seite schluchzte die greise Mutter. Der schwarze Ornat des Geistlichen schwebte dicht vor ihren Augen. Sie drückte das Gesicht in die Hände, die sie auf dem Boden vor sich ausgestreckt hatte. Sie hörte über sich das Klirren des Weihrauchfasses, die tiefe, sichere Stimme des Diakons, – schön, wohlklingend und traurig schwebte der Gesang der Seelenmesse dahin, rührend und gewichtig waren die Worte, gewichtiger als der arme menschliche Glaube, so weise, so tröstend und so untröstlich. Das Gesicht in die Hände vergraben, der Worte und des Gesangs kaum achtend, den Weihrauch der Trauer kaum atmend, sah sie das Gesicht des Toten, das ihr plötzlich so lieb geworden war, deutlich vor sich. So lebendig sah sie es: die Augen lachten, die vom schwarzen Schnurrbart halbverdeckten Lippen bewegten sich und sprachen weise, wahre Worte, davon, was ihrem Herzen immer nahe und teuer war. Sie sah genauer hin, – und die Gesichtszüge, an die sich das Gedächtnis der plötzlich Verliebten im kurzen Augenblick des Kusses festgeklammert hatte, wurden in ihrem Geiste immer lebendiger, und sein geliebtes Antlitz stand immer deutlicher vor ihr. Jede Muskel dieses Gesichts sprach untrüglich von unendlich Liebem und Vertrautem.

Die Seelenmesse war zu Ende. Die Trauergäste verzogen sich. Die nächsten Verwandten trösteten die Eltern und flüsterten ihnen etwas zu.

Nina stand allein. Sie glaubte eine fremde, feindliche Atmosphäre um sich zu spüren.

Ganz allein stand sie da.

Sollte sie nun gehen? Den Geliebten allein lassen?

Sie weinte. Still, traurig, anmutig und rührend, von den tränenfeuchten Blicken der Eltern und Bekannten begleitet, verließ sie das Zimmer.

Auf dem untersten Treppenabsatz blieb sie weinend stehen, plötzlich hörte sie leichte, die Treppe heruntereilende Schritte. Sie blickte hinauf, – das Gefühl sagte ihr, daß jemand sie einholen wolle.

Ein Mädchen in schwarzem Kattunkleid mit schwarzem Krepphäubchen auf den blonden Haaren, mit sommersprossigem Gesicht und vor Weinen geröteten grauen Augen, – so pflegen Dienstboten um ihre Herrschaft, die gut gegen sie war, zu weinen, – lief schnell die Treppe hinunter. Sie blieb vor Nina stehen.

»Fräulein,« begann sie leise, vor Verlegenheit stotternd, »unsere Gnädige, die Mutter des jungen Herrn, bittet Sie, sich für einen Augenblick hinaufzubemühen.«

»Wozu?« fragte Nina schüchtern.

»Ich kann es nicht wissen, Fräulein,« antwortete das Dienstmädchen. Nina konnte aber ihrer Stimme anmerken, daß sie es wohl wußte und gerne sagen wollte. »Die Gnädige läßt Sie sehr bitten,« fuhr sie fort. »Ich glaube, sie hat einen Brief. Ich weiß es nicht genau. Sie läßt Sie inständigst bitten.«

Nina ging die Treppe wieder hinauf. Sie war von einem dunklen Angstgefühl ergriffen, aber die Unannehmlichkeiten, die ihr vielleicht drohten, waren zu nichtig im Vergleich mit ihrer tiefen Trauer. Sie dachte:

»Wird man mich vielleicht bitten, nicht wieder herzukommen? Was habe ich aber verbrochen? Oder wird man mich für den Tod meines Geliebten verantwortlich machen?«

Ein neuer Tränenstrom brach ihr aus den Augen. Sie taumelte vor Schwäche. Das Dienstmädchen stützte sie am Arm und blickte ihr teilnahmsvoll ins Gesicht.

»Sollen sie mich nur anklagen,« dachte Nina, »ich werde nicht widersprechen. Sollen sie mich für schuldig halten. Was weiß ich? Was kann ich überhaupt wissen?«

Das Dienstmädchen geleitete sie in den Salon.

Man konnte es allen Dingen ansehen, daß die Familie auf dem Lande wohnte und nur zur Beerdigung in die Stadt gekommen war. Die Möbel steckten in Überzügen und standen in einer andern Ordnung, als sie wohl im Winter zu stehen pflegten. Der Spiegel zwischen den beiden Fenstern war zum Zeichen der Trauer in großer Eile und ungleichmäßig mit einem weißen Laken verhängt.

Nina hob den Kreppschleier vom Gesicht, das unter der Sonnenbräune leichenblaß war und sogar etwas eingefallen schien, und blickte mit traurigen scheuen Augen auf die schlanke hagere Dame mit grauem Haar, die sich bei ihrem Erscheinen vom Sofa erhob.

»Es ist die Mutter,« dachte sich Nina.

Sie prägte sich mechanisch die Züge der alten Dame ein:

»Grau. Schlank. Hat blaue, helle Augen. Große Ähnlichkeit mit dem Sohn.«

Aus irgendeinem Grunde kam ihr der Gedanke: diese Frau mit den verweinten Augen und der Verzweiflung in den Zügen sei vor einigen Tagen noch gar nicht grau gewesen, – sie pflege sich wohl sonst das Haar zu färben und sorgfältig zu frisieren; nun sei sie auf einmal zusammengeklappt und denke nicht mehr an ihr Äußeres und an die zerzausten grauen Flechten.

Sie forderte sie zum Sitzen auf. Im gleichen Zimmer stand am Fenster der Vater, ein schlanker Greis in aufrechter Haltung. Er hatte sich halb zum Fenster gewandt, als wollte er das fremde junge Mädchen sehen und zugleich den Ausdruck der Trauer in seinem stolzen Greisengesicht verbergen.

»Sie sind hier die einzige,« sagte die Alte, »die wir nicht kennen. Darum denke ich, daß der Brief, den Sfersoscha hinterlassen hat, für Sie bestimmt ist. Ist es so?«

»Ich weiß nicht,« sagte Nina. »Wie kann ich das wissen?«

Sie gab sich Mühe, nicht zu weinen, die Tränen strömten ihr aber aus den Augen. Auch die Mutter begann zu weinen.

»Es kam so plötzlich,« sagte sie. »Wir erwarteten Sferjoscha zum Mittagessen, – er war für den ganzen Tag in die Stadt gefahren, – und plötzlich … Ja, ich sprach eben vom Brief …«

Die Alte entnahm dem Album, das vor ihr auf dem Tische lag, einen Brief in einem schmalen graugrünen Umschlag und sagte:

»Wen Sferjoscha meinte, konnten wir nicht erraten. Aber diesen Brief, er lag in einem andern Brief, der für mich bestimmt war, – bat er einer jungen Dame zu übergeben, die noch niemals bei uns im Hause gewesen sei, falls sie zur Seelenmesse oder zur Beerdigung käme. Man könne sie, schreibt er, daran erkennen, daß sie Trauer tragen und vielleicht auch weinen würde. Ihr solle man den Brief einhändigen. Falls sie aber nicht käme, möchte man den Brief ungelesen verbrennen. Nun frage ich mich, ob der Brief nicht für Sie ist.«

Und Nina sagte, ohne auch nur einen Augenblick zu schwanken:

»Ja, er ist für mich.«

Sie erbleichte. Voller Angst streckte sie die Hand nach dem Brief aus. Sind es Vorwürfe, mit denen sie der Geliebte von jenseits der geheimnisvollen Schwelle überschüttet? Oder Worte der zarten Liebe und des Trostes?

Plötzlich kam ihr der Gedanke:

»Und wenn die andere kommt? …«

Der Brief knisterte in den bebenden Fingern. Mit ungeduldiger Hand riß sie den Umschlag auf. Während sie den Brief aus dem Kerker des Umschlags herauszog, gingen ihr flüchtige Gedanken durch den Kopf:

»Wenn sie kommt, gebe ich ihn ihr. Sie kommt aber nicht. Sie ist schlecht, sie hat ihn vergessen. In den schrecklichen Stunden vor seinem Tode hat sie wohl gar keine quälenden Vorahnungen gehabt. Ich aber hatte Vorahnungen. Er ist mein. Doch wenn sie kommt, wenn sie Trauer trägt und weint, gebe ich ihr den Brief.«

Während sie den Brief las, standen der Vater und die Mutter vor ihr und blickten ihr ins Gesicht. Wie wenn sie in ihrem Gesicht die Lösung des schrecklichen Geheimnisses lesen wollten.

Sie las:

»Geliebte, ich schreibe Dir in der seltsamen, vielleicht wahnsinnigen Hoffnung, daß Du vielleicht doch zu meinem Sarge kommst, auf meinem Grabe weinst und wenigstens kurze Zeit Trauer trägst. Was brauche ich es? Ich weiß, daß es Unsinn ist, aber der Gedanke, daß Du kommen wirst, gibt mir Trost. Wenn Du kommst, gibt man dir diesen Brief. Und wenn Du nicht kommst, verbrennt man ihn. Ich habe meine Mutter darum gebeten, – sie ist gut, sie wird mich nicht betrügen, sie wird meine Bitte erfüllen. Ich weiß, daß Du sie mit keinem unbedachten Wort verletzen wirst. Siehst Du, ich muß sterben. Ich habe jetzt keinen andern Ausweg. Mache Dir keine Vorwürfe, Geliebte. An unserer Trennung bin ich selbst schuld, nur ich allein. Ich darf niemand anklagen. Es war so, wie wenn jemand aus dem Gewebe meines Lebens irgendeinen wichtigen, alles zusammenhaltenden Faden herausgezogen hätte. Nun fällt alles auseinander. Äußerlich bin ich der alte geblieben. Ich blieb in nichts hinter meinen Kollegen zurück und ließ nicht den Kopf hängen. Ich machte mich sogar an eine Aufgabe, die ich früher wohl auf einen Hieb bewältigt hätte. Nun hat sie mich erdrückt… Es ist schwer, einen Mord zu begehen, obwohl ich weiß, daß … Was soll ich noch darüber sprechen? Ich habe es auf mich genommen und kann es nicht vollbringen. Ich ziehe vor, mich selbst zu töten. Nicht etwa weil ich im Banne der alten Moralvorschriften stünde und an die Heiligkeit des menschlichen Lebens glaubte … Es ist übrigens möglich, daß auch diese Vorstellung mit im Spiele war. So furchtbar finster ist es um mich her. Ich bin ganz ermattet. Ich bin erledigt. (Die letzten Worte habe ich schon von jemand anderm gehört, aber es macht nichts.) Nun möchte ich Dir etwas Heiteres und Beruhigendes sagen. Vielleicht wirst Du unter Tränen lächeln, aber auch das ist mir gleich. Ich habe Dich noch immer furchtbar lieb, mein Kätzchen. Sei glücklich, denke an mich ohne Ärger und nicht allzu oft. Und wenn Du zu mir zurückkehrst … Was braucht ihr, die ihr lebt, die Vermächtnisse von Verstorbenen? Einen furchtbaren Unsinn schreibe ich da, nicht wahr? Und doch muß ich es Dir, geliebte Freundin, sagen: verächtlich ist der Mensch, der das Licht geschaut und sich von ihm fortgewandt hat.

Lebe wohl. Dein Ssergej.«

Nina schob den Brief wieder in den Umschlag. Sie wollte fortgehen, sie wollte allein sein, den Brief immer von neuem lesen, über ihn nachdenken und weinen. Sie wollte sich verabschieden. Flehende Blicke hielten sie aber zurück.

»Was schreibt Ihnen Sserjoscha?« fragte die Mutter.

Nina schwieg. Sie wußte nicht, was zu sagen. Die Alte fuhr fort:

»Versetzen Sie sich doch in unsere Lage; wir haben ja keine Ahnung, warum Sserjoscha das getan hat ... Wenn wir wenigstens etwas wissen könnten!«

Nina dachte:

»Was kann ich ihr sagen? Und wenn die andere kommt? Wenn ich ihr den Brief geben muß? Soll *sie* es lieber sagen!«

Sie lächelte und weinte. Und sie sagte sehr entschieden:

»Entschuldigen Sie, ich sehe alles vollkommen ein, aber ich muß schweigen. Ich darf Ihnen nichts sagen.«

»Fräulein,« begann der Vater, der bis dahin geschwiegen hatte, mit seltsam scharfer knarrender Stimme: »Wir hätten Ihnen den Brief auch nicht einhändigen können. Unter diesen Umständen hätten wir das Recht, ihn selbst zu öffnen. Sie verheimlichen es aber vor uns...«

Er kam nicht weiter. Er schluchzte sonderbar auf und wandte sich weg.

Nina schlug die Augen nieder und sagte leise:

»Ja, Sie haben wohl die Möglichkeit gehabt, den Brief zu lesen, aber Sie haben es nicht getan.«

»Nein, natürlich nicht!« sagte die Mutter. »Wer sagt denn das? Einen fremden Brief würden wir natürlich niemals lesen. Aber unser Schmerz ... unser Schmerz ... Ich flehe Sie an, haben Sie Mitleid mit einer alten Frau!«

»Um Gottes willen,« rief Nina aus, »warten Sie noch, warten Sie bis morgen. Ich schwöre Ihnen, daß ich es jetzt nicht kann. Morgen will ich Ihnen alles sagen. Morgen, wenn man ihn ... wenn man Sserjoscha ... Um Gottes willen ...«

Sie umarmten einander und weinten. Die Mutter stieß Nina plötzlich zurück.

»Gott wird Ihnen kein Glück geben, wenn er es Ihretwegen getan hat!« schrie sie leise auf und stürzte schluchzend aus dem Zimmer.

Der Vater folgte ihr. Nina blieb allein.

Der Tag zog sich stumpf und langsam hin. Ninas Gedanken waren aufgewühlt und verworren. Sie las den Brief des Geliebten immer von neuem. Und sie fragte sich immer voller Angst:

»Und wenn die andere, die Schlechte kommt?«

So bitter war ihr der Gedanke, daß sie ihr die lieben, mit der seinen, schnellen, deutlichen Handschrift beschriebenen Blätter weggeben müssen wird. Und sie tröstete sich:

»Nein sie wird nicht kommen!«

Sie erwartete mit Ungeduld den Abend, wo sie zur zweiten Seelenmesse gehen würde. Sie wollte dem Geliebten eine weiße Rose in den Sarg legen, den weißen Kranz der trauernden Braut am Katafalk niederlegen. Und erfahren, ob die böse Nebenbuhlerin gekommen sei.

So langweilig, überflüssig und lästig waren die Minuten des glühendheißen Tages.

Am Nachmittag sagte Nina zu Natascha:

»Der letzte Trost ist, einen Brief vom Geliebten zu bekommen. Ich habe ihn bekommen.«

Natascha blickte erstaunt auf den schmalen graugrünen Umschlag. Nina merkte erst jetzt, daß darauf etwas geschrieben stand. Sie las:

»Der trauernden Braut.«

Die andere war nicht gekommen. Sie war auch nicht bei der Seelenmesse am Abend, als auf den Stufen des schwarzen Katafalks der weiße Kranz lag und auf das schwarze Haar des Geliebten die weiße Rose, das letzte Geschenk der Braut, niederfiel. Sie kam auch nicht zur Beerdigung.

Die schöne Trauer der Braut wurde durch nichts gestört.

Nina ging mit den Eltern ihres Bräutigams hinter dem Sarge durch die heißen staubigen Straßen der gleichgültig lärmenden Stadt. Einer der Verwandten, ein elegant gekleideter hübscher Herr mit grauem Schnurrbart und der tadellosen Haltung eines alten Militärs, führte sie am Arm.

Sie schleifte ihre schöne Trauer durch die häßlichen, staubigen Straßen, unter der sengenden Sonne, an den gerührt stehenbleibenden und sich bekreuzenden fremden Menschen vorbei. So unheimlich hob sich ihre Schönheit von all dem Grauen und Gleichgültigen ab.

Sie war müde, wollte aber nicht in den Wagen steigen. Sie war zum Sterben müde. Die Müdigkeit erhöhte die Schönheit ihrer Trauer und ließ ihre Anmut den fremden Leuten noch rührender erscheinen.

Die Trauerzeremonie dauerte unendlich lange, – die Eltern sparten nicht mit Geld, – und in der schönen Kirche sang ein vorzüglicher Sängerchor. Welchen Trost konnte aber die Zeremonie der armen Braut des Bräutigams geben, der ihr im Tode nicht nur Worte der Liebe, sondern auch Worte des Vorwurfs zugerufen hatte? Und sie dachte sich:

»Wohin muß ich zurückkehren, um ihn zu trösten? Um nicht, wie er es auf seine offene, liebe Art gesagt hat, als ein verächtlicher Mensch dazustehen, der sich vom Lichte kleinmütig weggewandt hat?«

Und plötzlich glaubte sie zu wissen, wohin sie gehen solle, womit sie ihn trösten könne.

Am Grabe. Die letzten Schollen fielen auf den Sarg nieder.

Die Mutter und die Braut weinten: – die unschöne, alte Mutter mit geröteter Nase und auf die Seite gerutschtem Hut, und das blasse, verweinte junge Mädchen, das ihm, als er noch lebte, fremd gewesen und jetzt einzig nahe war.

Die beiden blieben am frischen Grabhügel allein. Die eine hatte den Sohn nicht behüten können; sein Herz war ihr dunkel und seine Gedanken weltfremd und unverständlich geblieben. Aber die andere, die seine lieben Augen niemals geschaut hatte, kannte sein Herz, – das schwache, unter der unerträglichen Last zusammengebrochene Herz eines Erdenmenschen, der nach einer Heldentat strebt und sie nicht vollbringen kann.

»Geliebter,« flüsterte sie, »ich kenne den Weg, den ich gehen muß, um mit dir zu sein, um dich zu trösten. Du konntest es nicht, du warst matt vor Trauer, so kalt und so finster hast du es in deinem Grabe. Aber sei unbesorgt: ich werde vollbringen, was deine Aufgabe war. Und wenn es auf deinem Wege Leiden gibt, so werden sie die meinen sein.

Sie sahen einander an. Nina dachte:

»Was soll ich ihr sagen? Womit kann ich sie trösten?«

Und sie begann leise:

»Sie sagten gestern, Gott werde mir kein Glück geben, wenn er es meinetwegen getan hat. Gott sei mein Zeuge, daß mich keine Schuld trifft. Aber was brauche ich Glück, wenn er, mein Geliebter, im Grabe ruht? Ich verstand nicht, mit ihm zu sein, als er noch lebte, – aber glauben Sie mir: ich werde seinem Andenken ewig treu bleiben. Ich will sein Vermächtnis erfüllen, seine Freunde sollen meine Freunde sein, seine Liebe – meine Liebe, sein Haß – mein Haß, und ich werde das tragen, woran er zugrunde gegangen ist.

Raja

I.

An einem heiteren Herbstnachmittag gingen zwei Jungen durch eine belebte Straße aus der Schule heim. Der eine von ihnen, Dimitrij Darmostuk, war tief betrübt, weil in seinem »Journal« ein Vierer stand. Trauer und Angst waren deutlich in seinem mageren Gesicht mit der großen Nase und den seinen, immer lächelnden Lippen geschrieben.

Darmostuk war der Sohn einer Köchin, aber immer sauber gekleidet und sorgfältig gewaschen. Für seine dreizehn Jahre war er auffallend groß.

Der andere, Nasarow, ein echter Galgenstrick, war zerzaust und abgerissen und trug schiefgetretene ungeputzte Stiefel und eine von der Sonne ausgebleichte Mütze. Er war unproportioniert gebaut, hager und ausgemergelt. Sein blasses, gleichsam ausgetrocknetes Gesicht wurde oft von einem Krampfe verzerrt; wenn er aber aufgeregt war, zitterte er am ganzen Leibe, zwinkerte mit den Augen und stotterte.

»Nicht umsonst juckte mir heute früh das rechte Auge,« sagte Darmostuk, die schmächtigen Schultern wie vor Kälte zuckend. »Ich wußte ja, daß ich heute etwas Böses erlebe.«

»Ein Narr bist du! Wer traut solchem Aberglauben?« erwiderte Nasarow, bei jedem »r« stotternd. »Weißt du was? Trenne dein Journal auf!«

»Wie?« fragte Darmostuk mit scheuer Neugierde.

»Weißt du es denn nicht?« sagte Nasarow erregt, das Gesicht verzerrend und sonderbar die Hände bewegend. »Du nimmst das Blatt mit dem Vierer heraus und nähst ein sauberes Blatt hinein, das du aus einem anderen Journal herausnimmst. Du zeigst das Journal der Mutter und nähst dann wieder das alte Blatt hinein.«

Nasarow lachte, hob ein Knie und klatschte darauf mit der Hand.

»Wo soll ich aber ein sauberes Blatt hernehmen?« fragte Mitja zweifelnd.

»Ich will dir eines aus meinem Journal verkaufen,« flüsterte Nasarow, ängstlich nach allen Seiten schielend. »Ich werde zu Hause sagen, daß ich mein Journal verloren habe, und mir ein neues kaufen. Verstehst du das?«

»Man wird ja sehen, daß ich das Journal aufgetrennt habe,« entgegnete Mitja.

»Man kann das Blatt herausnehmen auch ohne das Journal auszutrennen,« sagte Nasarow mit dem sichern Lächeln eines erfahrenen Fachmanns.

»Ist's wahr?« fragte Mitja ungläubig.

Das Lächeln einer schwachen Hoffnung huschte über seine blassen Lippen.

»Bei Gott!« sagte Nasarow überzeugt: »Man braucht das Heft nur oben und unten einzureißen. Ich will es dir gleich zeigen. Gib dein Journal her. Wollen wir hier in diesen Torweg hineingehen?«

»Ich habe Angst,« sagte Mitja unentschlossen, die Augen vor dem Winde schließend, der vom Pflaster Staubwolken aufwirbelte.

Nasarow hatte aber schon aus seinem Ranzen das »Journal« herausgezogen, – ein für alle Schultage des Jahres eingeteiltes und zum Eintragen von Hausaufgaben, Zensuren und Mitteilungen an die Eltern bestimmtes Heft. Die Freunde traten in die Einfahrt eines großen Hauses und blieben stehen. Darmostuk mußte diesen Hof passieren, um nach Hause zu gelangen; Nasarow ging ihm aber nach und bot ihm immer ein Blatt aus seinem Journal zum Kaufe an. Ihre Stimmen hallten laut unter der Wölbung der Einfahrt, und der Widerhall jagte Mitja Angst ein.

»Gib mir fünfzehn Kopeken dafür!« sagte Nasarow.

»Das Journal kostet ja zwanzig, und ich kann mit einem aufgetrennten nichts mehr anfangen. Ich lasse es dir so billig, weil ich es vielleicht einmal selbst brauchen kann. Für jeden Fall, weißt du!«

»Es ist zu teuer,« sagte Darmostuk, neidisch auf Nasarows Journal blickend.

»Zu teuer? Dummkopf! Geh, such dir eines, das billiger ist!« rief Nasarow ärgerlich und zeigte Mitja seine lange dünne Zunge.

»Ich brauch' es ja gar nicht.«

Mitja wandte sich weg und bemühte sich, den verbrecherischen Wunsch zu unterdrücken.

»Nun, gib wenigstens zehn Kopeken her!« begann Nasarow von neuem mit freundlicher Stimme. »Fünf Kopeken? Schlage schnell ein, morgen werde ich wieder zwanzig verlangen!«

Nasarow umklammerte Darmostuks Hände mit seinen kalten Fingern und schnitt furchtbare Fratzen.

»Es ist eine Sünde,« stammelte Mitja errötend.

»Was? Eine Sünde?« ereiferte sich Nasarow: »Und ist es vielleicht keine Sünde, einem so mir nichts, dir nichts einen Vierer ins Journal zu schreiben?«

Mitja konnte man leicht ansehen, daß er der Versuchung nicht mehr lange wiederstehen würde. Nasarow war aber schon wieder böse geworden und machte eine Grimasse, die die bitterste Verachtung ausdrücken sollte.

»Hol dich der Teufel!« schrie er, vor Ärger wie ein Hampelmann zappelnd. Dann steckte er das Journal wieder in den Ranzen und lief fort.

Mitja ging langsam und nachdenklich durch den Hof. Der Hof war langgestreckt, schmal und schlecht gepflastert. Im Rückgebäude gähnte finster ein Tor, – der Durchgang in die andere Straße. Mitten durch den Hof ging ein schmaler von Steinplatten gebildeter Fußsteig. Rechts und links erhoben sich dreistöckige Seitengebäude mit schmutziggelben Mauern und braunen, zur besseren Lüftung durchlochten hölzernen Vorratskisten vor den Küchenfenstern. Einfache Frauen in Kopftüchern und Handwerker gingen vorbei. Hie und da lag noch Kehricht umher. Mitten im Hofe stand ein zerbrochenes Faß, und daneben spielten lustig lachend schmutzige, barfüßige Kinder. Es roch dumpf und widerlich.

Ach, wenn er sein Journal nur der Mutter zu zeigen brauchte! Er muß es aber auch der Gnädigen zeigen … Vor der Gnädigen, die furchtbar viel redet, sehr wichtig tut, mit ihrem seidenen Kleid rauscht und stark nach Parfüm riecht, hat er eine namenlose Angst.

Er muß auch an seine Mutter denken. Mitja weiß, daß sie schimpfen und weinen wird. Sie ist so erbittert und so arm. Sie arbeitet, – und Mitja weiß, daß er etwas lernen muß, um ihr, wenn sie einmal alt ist, ein Obdach geben zu können.

Auf der Straße dröhnten Fuhrwerke. Mitja fühlte in allen seinen Knochen, wie die Pflastersteine erzitterten, und dieses Zittern erschreckte ihn ebenso wie das dumpfe Dröhnen.

Plötzlich hörte er irgendwo in der Höhe ein feines Lachen und eine helle, lallende Kinderstimme. Mitja hob die Augen. Im dritten Stock des Rückgebäudes sah er im Fenster ein etwa vierjähriges Mädchen, und das Mädchen gefiel ihm auf den ersten Blick. Von der Sonne beleuchtet, lag es auf dem Fensterbrett, hielt sich mit den dicken Händchen am roten Eisenblech fest und blickte mit leuchtenden Augen auf die kleinen Mädchen hinunter, die lachend im Hofe herumliefen. Das Mädchen oben freute sich über die unten spielenden Kinder. Es beugte sich hinab, lachte und schrie etwas, was man unten nicht verstehen konnte.

Mitja krampfte sich plötzlich das Herz zusammen. Im ersten Augenblick konnte er gar nicht begreifen, was ihm solche Angst machte. Dann kam ihm der Gedanke, daß das Kind herunterfallen könne, daß es gleich herunterfallen werde. Mitja erbleichte und blieb wie angewurzelt stehen. Ein ihm wohlbekannter Kopfschmerz preßte ihm die Schläfen zusammen.

Das Fenster ist so hoch, – und das Mädchen beugt sich hinaus, schreit und lacht. Es ist so hoch, und nur ein schmaler abschüssiger Blechstreifen trennt das Kind vom gähnenden Abgrund. Mitja denkt, daß es dem Mädchen schwindeln müsse. Es wird sich nicht halten können, – sagte er sich entsetzt. Und da scheint es ihm schon, daß das Mädchen nicht mehr lache, daß es auch schon Angst habe.

Ein böser Gedanke bemächtigte sich seiner für einen kurzen Augenblick und ließ ihn erzittern: er fühlte das brennende Verlangen, daß das Mädchen doch schneller herunterfallen möchte, damit er nicht mehr diese Angst auszustehen brauchte. Kaum hatte er aber diesen Wunsch in sich wahrgenommen, als er auch sah oder vielmehr fühlte, wie das Kind das Gleichgewicht verlor, wie es sich mit seinen schwachen Händchen am schmalen Fensterblech nicht mehr festhalten konnte, – und er lief mit hocherhobenen Armen auf das Haus zu. Im gleichen Augenblick schrie das Mädchen auf, überschlug sich in der Luft und flog wie ein vom Dachboden heruntergeworfener Pack Wäsche an den Fenstern vorbei.

Mitja blieb im Laufen wie angewurzelt stehen und ließ die Hände kraftlos sinken. Das Mädchen schlug mit dem Nacken auf den Pflastersteinen auf. Mitja hörte deutlich, wie ihr Schädel krachte: es klang so leise wie wenn es eine Eierschale wäre. Dann fiel es weich auf den Rücken und blieb, die Arme nach beiden Seiten ausgespreizt, in seltsam gekrümmter Haltung vor Mitjas Füßen liegen; die Augen waren halbgeschlossen und die Lippen schmerzlich verzerrt.

Zwei Jungen, die den Sturz nicht gesehen hatten, liefen noch immer lachend über den Hof, und ihre Stimmen klangen so sonderbar und gemein. Die Mädchen standen aber zitternd vor Schreck und stumm da und glotzten das Kind an, das so unerwartet ihnen vor die Füße gefallen war. Es war noch hell, auf dem Hofe lag der blasse Widerschein der Sonnenstrahlen, die sich in den Fenstern der oberen Stockwerke spiegelten, – und das Blut rieselte langsam unter den blonden Haaren des Mädchens hervor und vermischte sich mit dem Staub und dem Kehricht.

Eines der Mädchen, das sehr schwach und zerbrechlich schien, schlug plötzlich die kleinen Händchen über dem Kopf zusammen und stieß einen durchdringenden Schrei ohne Worte aus. Sein Gesicht war rot und verzerrt, und kleine Tränentropfen spritzten aus den zusammengekniffenen Augen hervor und flossen über die schmalen Wangen. Unaufhörlich schreiend, die Arme vorstreckend, wich es, von Angst gepackt, zur Seite. Es stieß auf Mitja, taumelte zurück und lief schreiend und weinend weiter.

Jemand begann leise und scheu zu wimmern. Die Jungen, die eben noch gespielt hatten, standen neben Mitja und blickten das verunglückte Kind mit stumpfer Neugier an. In einem der Fenster erschien eine dicke Frau mit weißer Schürze und begann schnell und aufgeregt zu sprechen. Auch aus den anderen Fenstern blickten die Leute heraus. Der Hausmeistersgehilfe, ein Bursche mit weißem Gesicht, in roter gestrickter Jacke, kam langsam und gleichgültig herbei, blickte das Mädchen mit seinen großen leeren Augen an, stützte sich mit beiden Händen auf den Besen und ließ seine Blicke über die Fensterreihen schweifen. Als er den Kopf langsam hebend, mit dem Blick die obere Fensterreihe erreicht hatte, huschte über sein aufgedunsenes Gesicht der trübe Ausdruck irgendeiner unklaren Empfindung.

Um das Kind herum sammelten sich schon schreiende Leute. Ein Handwerker in Hausschuhen, mit einem Riemen um die Stirne, fuchtelte mit den Händen und schrie:

»Einen Schuhmann her!«

»Diese Sünde, dieses Unglück!« jammerte ein kleines Großmütterchen, über seine Schulter blickend.

»Die Mutter hat nicht acht gegeben!« meinte irgendeine böse Frau mit grauem Kopftuch.

Der Ober-Hausmeister in schwarzem Röckchen mit schwarzem Vollbart und vor Schreck blassem Gesicht kam langsam herbei.

»Lauf schnell hin!« sagte er zu seinem Gehilfen.

Der Bursche mit dem weißen Gesicht ging langsam auf das Tor zu.

»Man hat schon auf die Polizei geschickt!« flüsterte jemand hinter Mitjas Rücken.

»Was nützt's? Das Kind ist ja schon kaput!« sagte eine derbe Männerstimme.

Mitja staunte darüber, daß das Kind tot dalag, wie über etwas Unmögliches.

Plötzlich erklang von der Höhe ein wildes, immer anwachsendes Geheul. Es kam immer näher. Aus dem Hauseingang an der Ecke stürzte wild schreiend eine zerzauste, blasse Frau. Sie hielt die zitternden Arme vorgestreckt und fiel ungestüm über das tote Mädchen her.

»Rajetschka! Rajetschka!« schrie sie und fing an, mit den bebenden Lippen auf die Händchen des Kindes zu blasen. Als sie die Kälte dieser Händchen fühlte, fuhr sie zusammen, packte Rajetschka an den Schultern und versuchte sie in die Höhe zu heben. Rajetschkas Kopf fiel aber leblos zurück. Die Mutter schrie verzweifelt auf und wurde ebenso rot wie das kleine Mädchen vorhin.

»Die Mutter!« flüsterte das Großmütterchen hinter Mitjas Rücken.

Die Pflastersteine erzitterten, – auf der Straße fuhren Wagen mit Eisen vorbei. Mitja bekam plötzlich Angst und lief davon.

II.

Vom langen Laufen keuchend, blieb Mitja auf dem Absatz einer schmalen schmutzigen Treppe im zweiten Stock stehen. Aus der offenen Türe wehte ihm Küchendunst entgegen. Er hörte die böse Stimme seiner Mutter. Mitja trat unentschlossen in die Küche, wo es nach zerlassener Butter, Zwiebel und Ofendunst roch und blieb an der Schwelle stehen. Wieder überkam ihn das gewohnte Gefühl der Obdachlosigkeit in dieser Wohnung, die ihm fremd war und ihm doch als Obdach diente.

Seine Mutter, die Köchin Aksinja, stand zerzaust, erhitzt, mit bloßen roten Armen, in alter durchgebrannter Schürze vor dem Herd und briet etwas, was auf der Pfanne zischte und mit Butter um sich spritzte. Dünne Flämmchen, so rot wie Rajetschkas rieselndes Blut, züngelten aus der nicht fest geschlossenen Herdtüre hervor. Das Fenster und die Türe standen offen, und in der Küche zog es. Aksinja fluchte auf die Gnädige, auf ihr eigenes Leben, auf den Braten und das Brennholz.

Mitja fühlte sich von der Gereiztheit seiner Mutter gleichsam angesteckt. Er wußte, daß sie ihren Ärger an ihm auslassen werde.

»Was stehst du an der Schwelle?« schrie Aksinja, das rote erboste Gesicht mit den tränenden Augen, über denen dünne Flechten ergrauender Haare zitterten, zu Mitja wendend. »Was hat dich der Teufel hergebracht? Mir ist es auch ohne dich übel genug!«

Mitja ging in die kleine, an die Küche anstoßende Kammer, in der er mit der Mutter wohnte. Aus der Küche tönte noch immer durch das Zischen der Butter hindurch Aksinjas böses Brummen:

»Da plage ich mich mein ganzes Leben wie eine verdammte Seele am Herde ab, – Gott verzeihe mir die sündhaften Worte! – und wenn der Sohn einmal groß ist, wird er an seine Mutter nicht einmal denken! Schön wird mich so ein Sohn ernähren! Er braucht die Mutter nur, solange sie ihm zu essen gibt!«

Mitja runzelte betrübt die Stirne, setzte sich auf den kleinen grünen Koffer in der Ecke und versank in seine traurigen Gedanken und Erinnerungen. Er dachte an Rajetschka, die mit zerschmettertem Kopf auf dem Pflaster lag…

So vergingen einige Minuten. Aksinja machte die Türe auf und blickte in die Kammer hinein.

»Mitja, komm einmal her!« flüsterte sie verlegen.

Jetzt blickte sie den Sohn freundlich an, und das paßte so gar nicht zu ihrem rohen, unschönen Gesicht. Mitja kam näher.

»Hier, iß derweil das!« sagte Aksinja, ihm einen noch heißen süßen Pfannkuchen reichend. Dann verschwand sie wieder in der Küche.

Mitja spürte eine plötzliche Rührung, und seine Augen wurden feucht. Als er den Pfannkuchen aß, taten ihm die Backenknochen weh, und er konnte sie nur mit Mühe bewegen: so sehr würgten ihn die Tränen. Das schmerzvolle Mitleid mit der Mutter, das von ihren Klagen und ihrer ungelenken Zärtlichkeit geweckt worden war, war in ihm mit feinsten Fäden an das Mitleid mit Rajetschka geknüpft…

Aksinja liebte ihren Sohn mit schmerzlicher Liebe, die bei armen Menschen so häufig vorkommt und an der beide Teile schwer zu leiden haben. Ihr armseliges, sorgenvolles Leben erfüllte sie mit Angst und gab ihr den Gedanken ein, daß aus Mitja, wenn er einmal groß ist, ein Trinker wird; daß er daran zugrunde gehen und sie auf ihre alten Tage im Stich lassen wird. Wie aber das Unheil abzuwenden, wie aus Mitja einen anständigen Menschen zu machen, daß wußte sie nicht. Sie hatte nur das eine unklare Gefühl, daß in der Küche aus ihm kaum was Rechtes werden würde. Sie war finster und verbissen, fürchtete alles und seufzte fortwährend.

Mitja aß den Pfannkuchen zu Ende, wischte sich die Finger am Saum seiner Jacke ab und trat ans Fenster. Die Aussicht aus dem Fenster war langweilig und farblos. Er sah viele Küchen, in denen gekocht wurde, Dächer, Rauch aus den Schornsteinen und einen blauen Himmel. Mitja legte sich auf die Fensterbank und blickte auf den gepflasterten Hof hinunter. Er mußte wieder an Rajetschka und an jenes Fenster im dritten Stock denken, – und er sagte sich:

»So kann ein jeder herunterfallen.«

Halbbewußt, doch voller Angst hatte er eben zum erstenmal den Gedanken an den Tod auf sich selbst bezogen. Der Gedanke war so unwahrscheinlich und so schrecklich; noch viel schrecklicher als der Gedanke daran, daß Rajetschka heruntergefallen und zerschmettert war, wie ein Lampenglas zerbricht, wenn man es aufs Pflaster schleudert.

Mitja sprang zitternd von der Fensterbank. Er fühlte einen Schmerz in den Schläfen und im Hinterkopf. Er fuchtelte sinnlos mit den Händen und ging in die Küche. Aksinja stand vor dem Herd, den Kopf in eine Hand gestützt und blickte finster ins Feuer. Mitja sagte:

»Mutter, wenn du wüßtest, was ich eben im Durchgangshof gesehen habe!«

»Nun?« fragte die Mutter kurz, ohne den Kopf nach ihm zu wenden.

»Ein Mädel fiel vom dritten Stock herunter und zerschlug sich den Kopf.«

»Was du nicht sagst!« rief Aksinja aus.

Ihre erschrockene Stimme machte Mitja Angst und kam ihm zugleich irgendwie komisch vor. Grinsend und hie und da kichernd, erzählte er der Mutter sehr ausführlich, wie Rajetschka aus dem Fenster gefallen war. Aksinja seufzte entsetzt und gerührt und blickte den Sohn mit starren runden Augen an. Als Mitja berichtete, wie Rajetschka aufgeschrien hatte, stieß er den gleichen leisen Schrei wie sie aus, erblaßte und hockte sich hin.

»Eine solche Mutter müßte man...« begann Aksinja gehässig. Sie sprach den Satz nicht zu Ende und schluchzte auf. »Dieses Engelchen!« sagte sie mitleidig, die Tränen mit der schmutzigen Schürze abwischend. »Gott hat sie zu sich genommen, bei ihm wird sie es besser haben.«

»Wie es gekracht hat!« sagte Mitja nachdenklich.

Die Mutter ließ die Schürze wieder fallen. Ihr tränennasses unbewegliches Gesicht machte auf den Jungen starken Eindruck. Er fing zu weinen an. Große Tränentropfen liefen schnell seine blassen Wangen herab. Er schämte sich aber seiner Tränen. Er wandte sich weg, ließ den Kopf hängen, ging in die Kammer, setzte sich auf den grünen Koffer in der Ecke, bedeckte das Gesicht mit den Händen und brach von neuem in Tränen aus.

Es wurde Abend, und alles ging seinen gewohnten Gang. Mitja war sehr unruhig. Verschiedene Kleinigkeiten, die er früher gar nicht beachtet hatte, fielen ihm jetzt auf und verwundeten seine Seele. Er hatte das Bedürfnis, die Geschichte von Rajetschka noch irgend jemand zu erzählen und noch irgend jemand mit ihr zu rühren. Als das Stubenmädchen Darja, ein aufgeputztes Ding mit verschmitztem Gesichtsausdruck und glatt gekämmtem Haar in die Küche kam, erzählte er es ihr alles mit allen Einzelheiten. Darja hörte ihm aber stumpf und gleichgültig zu und strich sich vor Aksinjas kleinem Spiegel das Haar glatt, das die Farbe von Küchenschaben hatte und stark nach Pomade roch.

»Tut sie dir denn gar nicht leid?« fragte Mitja.

»Ist sie vielleicht mein Kind?« antwortete Darja, dumm auflachend. »Was bist du doch für ein Greiner!«

»Was soll man da überhaupt klagen?« sagte die Mutter. »Gebe Gott, daß wir alle bald hinüber kommen! Was wird aus dir, wenn du einmal groß bist? Ein besoffener Handwerker.«

– Und wenn Rajetschka groß werden würde? – fragte sich Mitja. – Dann würde aus ihr ein Stubenmädchen wie die Darja werde; sie würde sich das Haar mit Pomade schmieren und ebenso listig nach allen Seiten schielen.

Mitja ging zur Gnädigen, um ihr sein Journal für die Woche zu zeigen. Die Gnädige hielt es für ein gutes Werk, sich für den Jungen, den Sohn ihrer Köchin, zu interessieren.

Der angenehme, doch seltsam an Weihrauch gemahnende Geruch, der in den Zimmern herrschte, verdrängte sofort alle Gedanken an Rajetschka. Mitja ging schüchtern auf die Gnädige zu, die im Salon auf dem Sofa saß und eine Patience legte.

Frau Urutin hatte ein auffallend weißes Gesicht: das kam von den Hautkrems und dem Puder. Ihre Kinder – der Gymnasiast Otja (Josef) und die Tochter Lydia – befanden sich gleichfalls im Salon. Otja zeigte Mitja Fratzen. Er hatte hervorquellende Augen und ein rotes Gesicht. Lydia war etwas älter und hatte große Ähnlichkeit mit dem Bruder. Ihr Haar war an der Stirne zugestutzt. Aksinja und Darja pflegten in ihren Gesprächen diesen gestutzten Haarschopf eine Pferdemähne zu nennen.

Die Gnädige sah in Mitjas Journal den Vierer und erteilte ihm eine Rüge. Mitja küßte ihr die Hand, – so war es einmal eingeführt.

In dem Zimmer war es so schön und vornehm. Weiche Teppiche dämpften die Schritte, die Gardinen und Portieren hingen in schweren, ernsten Falten herab, es gab viel bequeme Möbel, wertvolle Bronzen und Bilder in goldenen Rahmen. Das alles hatte auf Mitja sonst immer großen Eindruck gemacht. Voller Ehrfurcht trat er in die Zimmer, wenn er gerufen wurde oder wenn die Herrschaften nicht zu Hause waren, und er alle diese Herrlichkeiten nach Herzenslust bewundern durfte.

Heute empörte ihn aber die Schönheit der Zimmer. Er dachte sich: Rajetschka hat wohl niemals in solchen Zimmern gespielt!

– Ist diese Schönheit auch echt? – fragte sich Mitja. Während Frau Urutin ihm lange und langweilig erklärte, wie beschämend es sei, zu faulenzen, und wie sehr er es schätzen müsse, daß sie, die Gnädige sich für ihn interessiere, dachte Mitja daran, daß es wohl irgendwo – vielleicht nur beim Zaren allein – Gemächer geben müsse, wo echte Schönheit herrsche, wo der Prunk unerschöpflich sei und wo es wie im Schlosse des Königs Solomo nach Spezereien, Weihrauch und Myrrhen dufte. Ach, wenn Rajetschka in solchen Gemächern spielen könnte!

Als Mitja sich wieder in die Küche zurückziehen wollte, sagte die Gnädige:

»Darja hat mir gesagt, daß du irgendein Mädchen aus einem Fenster fallen gesehen hast. Erzähle es mir einmal.«

Mitja fuhr vor dem befehlenden und strengen Ton der Gnädigen wie immer zusammen und begann zu erzählen. Er zuckte vor lauter Schüchternheit die Achseln, erzählte aber sehr ausführlich, begleitete die Worte mit Handbewegungen und kam allmählich in Ekstase. Zum Schluß stieß er wieder den gleichen leisen Schrei wie Rajetschka aus und hockte sich wieder hin. Seine Erzählung rührte und amüsierte die Gnädige und die Kinder.

»Wie nett er das doch erzählt hat!« rief Lydia, einem ihr bekannten jungen Mädchen nachäffend und die Hände zusammenschlagend. »Das arme Kind! War es auch sofort tot?«

»Ja, mausetot,« sagte Mitja.

Die Gnädige schenkte ihm einen süßen und klebrigen Bonbon in gefalteter Papierhülle. Mitja liebte alles Süße und war sehr erfreut.

III.

Mitja saß In seiner Kammer am Fenster vor dem ungestrichenen Tisch mit der gesprungenen Matte, mit dem Rücken zur Mutter, die schweigend einen Strumpf strickte. Er beugte sein blasses Gesicht mit den zitternden Lippen und der großen Nase über das Lehrbuch und bemühte sich angestrengt, die Schulaufgabe zu erfassen. Er mußte aber immer wieder an Rajetschka denken. So großes Mitleid hatte er mit dem armen Kind! Wie dumm war doch ihre Mutter, daß sie nicht acht gegeben hatte!

Er hatte Kopfweh, – Mitja glaubte, daß es vom Küchendunst käme, der nach den Wohlgerüchen, die er in den herrschaftlichen Räumen eingeatmet, besonders auffiel und beleidigend war.

Mitja fragte sich plötzlich, wie groß Rajetschka wohl gewesen sei: sie würde ihm wohl an den Gürtel reichen.

Er wurde immer wieder vom Lernen abgelenkt. Darja kam in die Kammer und erzählte Aksinja von ihrem Geliebten ... Mitja mußte aber seine Aufgaben machen, um nicht wieder einen Vierer zu bekommen ... Die Küchentüre fiel laut ins Schloß, – Darja war schon wieder fort.

»Diese Teufelspuppe!« rief Aksinja aus.

Mitja hatte nicht gehört, worüber sie gestritten. Er blickte die Mutter an. Aksinja strickte und kniff die Lippen böse zusammen.

– Die Teufelspuppe! – wiederholte Mitja lächelnd vor sich hin. Es ist wohl eine große Puppe, – dachte er sich, – so groß wie ein Mensch, und nachts spielen mit ihr die Teufel. Und am Tage? Am Tage lebt sie wohl wie alle anderen Menschen. Vielleicht weiß sie auch gar nicht, wer sie nachts holen wird. Ach, wenn man doch sehen könnte, wie der Teufel mit Darja spielt. Vielleicht verzaubert er sie in eine Katze, trägt sie aufs Dach und zwingt sie herumzulaufen und zu miauen ... Diese Gedanken amüsierten ihn und lenkten ihn ab. Er merkte gar nicht, wie die Mutter hinausgegangen war. Plötzlich knarrte in der Stille die Korridortüre.

Mitja sah sich um. An der Schwelle stand Otja mit dem Ausdruck gespannter Neugierde in seinen Glotzaugen. Sonderbar mit den Händen fuchtelnd, ging er auf den Fußspitzen auf Mitja zu und fragte:

»Bist du allein?«

»Ja, allein,« antwortete Mitja.

Otja ging leise hinaus und kam nach einer Weile mit Lydia zurück. Das junge Mädchen lächelte und schien aufgeregt.

»Hör einmal,« flüsterte Otja »erzähle uns doch noch einmal von dem Mädchen, das aus dem Fenster geplumpst ist.«

Lydia kicherte über den komischen Ausdruck – sie wußte, daß Otja ihn absichtlich gebraucht hatte, – und weil sie auf die Erzählung gespannt war.

»Schön,« sagte Mitja und stand auf.

Lydia setzte sich auf einen Stuhl, legte die Hände auf dem Schoße zusammen und blickte Mitja unverwandt an. Otja setzte sich auf den grünen Koffer, klopfte mit den Fäusten auf die Knie und schnitt Grimassen. Mitja erzählte die Geschichte genau so, wie er sie schon einmal erzählt hatte. Als er sich zum Schluß daran erinnerte, wie Rajetschkas Mutter geheult hatte, lachte er plötzlich auf. Das junge Mädchen fuhr zusammen.

»Wie kann man nur so gefühllos sein?« sagte sie mit unzufriedener Miene. »Denke doch, wie sich das Mädchen wehgetan haben muß. Und du lachst dabei!«

»Ja,« sagte Otja belehrend, »du hast wenig Zartgefühl, mein Lieber. Über ein Mädchen, das aus dem Fenster geplumpst ist, darf man nicht lachen.«

Mitja mußte wieder daran denken, wie Rajetschka die Arme auseinander gespreizt hatte, wie ihr Schädel krachte und wie ihr Blut als dünnes Bächlein in den grauen Staub floß. Er brach in Tränen aus. Die Kinder sahen ihn an, wechselten Blicke und kicherten. Sie fühlten sich etwas ungemütlich. Sie wußten nicht, wovon zu sprechen und wie fortzugehen. Die Gnädige kam ihnen zu Hilfe.

Sie hatte die Kinder in dem Zimmer vermißt und sich auf die Suche nach ihnen begeben.

Als sie ihre Stimmen in der Küche hörte, blieb sie zuerst einige Augenblicke im finsteren Korridor stehen. Dann machte sie die Türe plötzlich auf und erschien auf der Schwelle. Hochaufgerichtet, den Kopf etwas in den Nacken geworfen und die dichten schwarzen Augenbrauen in die Höhe gezogen, so daß sie ihr glattgescheiteltes Haar beinahe berührten, was ihr ein dummes und lächerliches Aussehen verlieh, stand sie eine Weile an der Schwelle, und die drei Kinder waren unter ihren brennenden Blicken wie zu Stein erstarrt. Otja und Lydia falteten die Hände auf die gleiche Weise im Schoß und blickten zu der Mutter erschrocken und gezwungen lächelnd auf. Mitja sah die Gnädige mürrisch an, während große durchsichtige Tränen langsam seine mageren Wangen herabrollten und auf die verschossene Hausjacke fielen.

»Kinder, geht doch in euer Zimmer!« sagte endlich die Gnädige. »Hier habt ihr nichts zu suchen. Das ist kein Ort und keine Gesellschaft für euch.«

Die Kinder erhoben sich. Die Gnädige ließ ihnen den Vortritt und ging ihnen nach.

Mitja hörte ihre empörte Stimme in der Ferne verhallen. – Ein unpassender Ort! – sagte er sich beleidigt mit einem Blick auf die kahlen Wände der Kammer, auf den Bretterverschlag, auf die armselige Einrichtung, auf die beiden Koffer, – den großen braunroten mit den eisernen Beschlägen und den kleinen grünen, – und auf das Fenster, aus dem man nur Dächer, Schornsteine und ein Stück des blassen Himmels sehen konnte. Alles war so ärmlich, unglücklich und roh.

– Wie sie herangeschlichen ist! – dachte Mitja von der Gnädigen. – Vor ihr ist man nie sicher: wie eine Hexe ist sie. –

Vom Hofe her, aus irgendeinem Fenster kamen die sehnsuchtsvollen Töne einer Flöte, – die Musik klang wie Rajetschkas Weinen.

IV.

Mitja zog sich aus und legte sich auf sein Lager, das ihm die Mutter auf dem großen Koffer zurechtgemacht hatte; sie selbst schlief auf dem Bett, das in die Ecke zwischen der Bretterwand und der Korridortüre eingeklemmt und mit einem bunten Kattunvorhang verdeckt war. Aksinja war noch in der Küche: die Gnädige hatte Gäste, und sie mußte für sie noch das Abendessen bereiten. Durch die Ritzen im Bretterverschlag drang oben an der Decke und unten auf dem Fußboden Licht ein. Mitja fürchtete sich im Dunkeln und zog sich die Bettdecke über den Kopf.

Einst pflegte er, wenn er so lag, an allerlei Unmögliches zu denken: an Heldentaten, an Ruhm, an zarte und rührende Dinge. Heute waren aber alle seine Gedanken auf Rajetschka gerichtet. Was mag jetzt mit ihr sein? Im Finstern war es so schrecklich, sie sich tot vorzustellen. Es war so furchtbar, daran zu denken, daß man über ihrer Leiche die Totenmesse lesen wird: gelbe Wachslichter werden brennen, blaue Weihrauchwolken in die Luft steigen, und dann wird man sie in die Erde einscharren...Mitja mußte aber fortwährend daran denken.

– Sie wird es dort besser haben! – Diese Worte der Mutter kamen ihm plötzlich in den Sinn. – Wieso wird sie es besser haben? – fragte er sich. Plötzlich kam ihm die freudige Erleuchtung: Sie wird auferstehen und mit den Engeln sein!

Rajetschkas Bild schwebte immer deutlicher vor ihm. Wie wenn es jemand langsam und sorgfältig mit grauen Bleistiftstrichen vollendete, – jeder neue Strich erfüllte Mitja mit gemischten Gefühlen von Angst, Entzücken und Mitleid.

Aksinja wetzte in der Küche ein Messer an der Kante des Herdes. Das unangenehme Geräusch ließ ihn nicht einschlafen. Er befreite den Kopf aus der Bettdecke und rief leise:

»Mutter, Mutter!«

»Was willst du?« erkundigte sich die Mutter.

»Wird Rajetschkas Mutter nicht sterben müssen?« fragte Mitja.

»Was für eine Mutter?«

»Die Mutter des Mädchens, das sich totgefallen hat.«

»Was ist mit ihr?« fragte die Mutter streng und verdrießlich.

»Ich frage, ob ihre Mutter nicht sterben muß?«

»Warum sollte sie sterben?«

»Vor Schmerz um Rajetschka!« sagte Mitja leise. Tränen rollten ihm die Wangen herab und benetzten sein Gesicht und das Kopfkissen.

»Schlaf, du Dummer, schlaf, wenn du schon einmal im Bett bist,« sagte Aksinja geärgert. »Wenn alle Menschen vor solchem Schmerz sterben würden, so bliebe in ganz Rußland bald kein Mensch mehr übrig.«

»Wie ist das nur möglich?« fragte Mitja schluchzend.

»Schlaf, schlaf, ich habe es auch ohne dich schwer genug!«

Mitja verstummte. Die Tränen hatten ihn ermüdet, und er begann einzuschlummern. In seinen müden Ohren tönte zuerst der unerträglich feine hohe Ton einer Hirtenflöte, dann das dumpfe Dröhnen einer Kirchenglocke, dann vermischte sich alles und verschwand. Aber in schwindelnder Höhe lachte aus einem Fenster lustig und heiter Rajetschka. – Sie ist auferstanden! – sagte sich Mitja erfreut, und Rajetschka lallte etwas, was so froh war, wie die Botschaft von der Auferstehung.

V.

Mitja wirkte am Schülerchor mit, der in einer nahen Pfarrkirche beim Gottesdienst zu singen pflegte. Man schätzte ihn wegen seines sicheren Gehörs und seiner hellen, starken Altstimme. Das Singen machte ihm auch selbst große Freude. Besonders gern wirkte er bei Trauungen und Totenmessen mit. Die Hochzeitsgesänge belustigten ihn, und die Totenpsalmen weckten in ihm Stimmungen süßer Wehmut.

Mitja kam am Sonntag vor der Morgenmesse zur Kirche. Die Gemeinde versammelte sich eben. Das Glockengeläute zog feierlich durch die klare Herbstluft. Die Chorknaben lärmten und tollten in der Vorhalle und hinter der Kirchenmauer. Der kleine zarte Duschizin stieß mit seiner hellen, kindlichen Stimme die schrecklichsten Flüche aus, während sein Gesicht einen unschuldigen und sanften Ausdruck bewahrte. Da kam auch schon der Chordirigent, der Lehrer Galoj, ein kleines schmächtiges Männchen mit unbeweglichen ziegelroten Flecken auf den Wangen und langem, dünnem Bärtchen, das wie angeklebt aussah. Er war ganz plötzlich, wie aus dem Boden geschossen, erschienen und stand auf einmal im Tor der Kirchenmauer. Die Jungen liefen in die Vorhalle und verbeugten sich vor dem Lehrer, die einen mit übertriebener Ehrfurcht, die anderen nachlässig und mürrisch. Mitja zog linkisch die Mütze: er schien zu zweifeln, ob er das überhaupt tun müsse. Er fuhr sich mit der Mütze einmal über die Wange, blickte den Lehrer an, kniff die Augen wie vor der Sonne zusammen, setzte die Mütze wieder auf und schob sie in den Nacken. Galoj blieb in der Vorhalle stehen. Mitja ging auf ihn zu.

»Was willst du?« fragte ihn der Lehrer hüstelnd mit hoher, gleichsam gesprungener Stimme.

»Lassen Sie mich nach Hause gehen, Dmitrij Dementjewitsch,« bat Mitja leise und schüchtern.

»Das ist ja wunderschön!« rief Galoj aus, Mitja mit seinen kleinen Äuglein anglotzend. »Mit wem soll ich dableiben, wenn alle fortgehen?«

»Ich habe Kopfweh, Dmitrij Dementjewitsch,« erklärte Mitja mit klagender Stimme, das Gesicht verziehend.

Sein blasses Gesicht und seine blauen Lippen bestätigten, daß er die Wahrheit sprach.

»Warum hast du Kopfweh?« fragte Galoj, mißbilligend sein Bärtchen schüttelnd.

»Ich weiß es nicht,« erwiderte Mitja schüchtern.

»Was habe ich dich eben gefragt?« schrie Galoj mit durchdringender Stimme.

Mitja schwieg verlegen.

»Du bist ein Dummkopf, sehr verehrter Herr, das ist alles. Was habe ich dich eben gefragt?«

»Warum ich Kopfweh habe,« wiederholte Mitja die Frage.

»Ja, und nicht, ob du es weißt oder nicht weißt! Warum hast du also Kopfweh? Antworte!«

Mitja wußte nicht, was zu sagen, und lächelte unsicher.

»Er hat mit der Nase Holz gehackt,« sagte der rotbackige Karganow und zog die Stirne kraus, um nicht aufzulachen.

Die Jungen, die sich um Mitja und den Lehrer drängten, brachen in schallendes Gelächter aus. Michejew, ein kleiner Junge mit großem Kopf und großen Augen, sagte Mitja leise vor:

»Aus unbekanntem Grunde.«

»Nun, wirst du es einmal sagen?« drang Galoj in Mitja ein.

»Aus unbekanntem Grunde,« sprach Mitja nach.

»So ist's recht. Du darfst gehen.«

Mitja verbeugte sich und verließ die Kirche. Er ging aber nicht nach Hause. Er hatte das ewige Bravsein satt und wollte, wohl zum erstenmal in seinem Leben, den Vormittag nach eigenem Gutdünken verbringen. Als der Lehrer ihn gehen ließ, empfand er im ersten Augenblick Freude und Erlösung. Aber das Kopfweh und trübe Vorahnungen verdüsterten bald seine Freude.

Mitja verließ die lärmenden, in Stein gefaßten Straßen und ging zur Stadtgrenze. Ein kalter Wind kam stoßweise gezogen. Der Himmel hing wolkenlos, heiter und traurig, wie müde über der Erde. Die Bäume standen verstaubt und langweilig da. Der Wind wirbelte Staubwolken auf, und Mitja konnte fast nichts sehen und nur mit großer Mühe vorwärtskommen...

In der fernen Ecke des Friedhofs, wo sich die billigen Beerdigungsplätze befanden, suchte er das Grab seines Vaters auf. Lange saß er auf dem Grabe, umklammerte das weiße Kreuz und dachte an Rajetschka und an sich selbst. Die Gräber, die Fichten und die Kreuze schienen sich in die Unendlichkeit hinzuziehen, und die tiefe Stille wurde nur ab und zu durch das Krächzen eines Raben oder das Rascheln des Laubes im Winde unterbrochen.

Mitja sah Rajetschkas Bild ganz deutlich vor sich. Er wollte es noch klarer sehen und schloß die Augen... Rajetschkas blonde Locken fallen ihr auf die Schultern herab. Sie hat ein verschossenes gelbes Kleidchen und verstaubte Schuhe an. Ganz blaß steht sie vor ihm da. Ein dünner roter Blutstrom rieselt ihr die Wange hinunter. Rajetschka fühlt keinen Schmerz, – sie war ja augenblicklich tot und ist nun auferstanden. Warum ist sie aber so unbeweglich?

Mitja spannte seine ganze Einbildungskraft an: er wollte so gerne, daß Rajetschka wenigstens die Augen öffne. Was mag sie für Augen haben?

Auf einmal kam es ihm vor, daß sie die Augen geöffnet habe – blau und ruhevoll wie der heitere Himmel waren ihre Augen –, und auch in Mitjas Seele war plötzlich alles ebenso heiter und feierlich. Es schien ihm, daß Rajetschka langsam über die Steine schreite, und daß ihr gelbes Röckchen kaum wahrnehmbar im Winde flattere.

Mitja schlug die Augen auf, – und das liebe Gesicht war im Nu verschwunden. Er sah sich wieder von lauter irdischen und sterblichen Dingen umgeben. Mitja verließ langsam den Friedhof, den Kopf gesenkt, von traurigen Gedanken an Rajetschka erfüllt.

Er trat durch das hintere Friedhofstor ins freie Feld. Auf der leeren, staubigen Straße jenseits der Friedhofsmauer stimmte er das Kirchenlied an: »Ich ergieße mein Gebet vor dem Herrn und künde ihm meine Trauer, denn meine Seele ist voller Schmerz...«

Seine hohe Altstimme klang wie silbern. Die Bäume lauschten, das Gras raschelte unter seinen Schritten. Die unbegreifliche Verheißung einer namenlosen Wonne strahlte vom heiteren Himmel und von der Sonne herab...

VI.

Mitja langweilte sich in der Schule. Die Stunden waren uninteressant, und er hatte immer Angst, daß man an ihn irgendeine schwierige Frage richten könne und er wieder einen Vierer bekommen würde. Auch in den Pausen war es ihm traurig zumute.

Die Schüler der verschiedenen Klassen hatten sich in der Pause wie immer im Turnsaal versammelt und tollten herum. Manche saßen auf den Bänken längs der Wände und quetschten einander. Der Saal war klein und dunkel: er lag im Erdgeschoß, und das Tageslicht wurde von den Bäumen des Gartens und von der nackten, fensterlosen und daher leblos aussehenden Mauer eines großen Nachbarhauses verdeckt. In einer Ecke stand der dunkle Schrein mit den Heiligenbildern, und hinter ihm war dichte Finsternis.

Die Jungen drängten sich hier wie eine Schafherde im Stalle. Sie warfen einander um, liefen umher, spielten und stießen aufeinander. Manche verzehrten ihr Frühstück,– das von zu Hause mitgebrachte Butterbrot oder eine beim Schuldiener gekaufte Semmel. Die Luft war voller Staub, und man konnte kaum atmen. Alls dem gleichmäßigen Geschrei und Lärm erhob sich ab und zu ein durchdringendes Gequietsch.

Mitja saß auf einer Bank. Unter den Jungen, wo sie sich am dichtesten drängten, glaubte er inmitten der in den Staubwolken aufleuchtenden Hände und Gesichter Rajetschkas Bild zu sehen. Ihr blondes Haar leuchtete matt in der Sonne, lustige Regenbogenstrahlen gingen von ihr aus, ihre Stimme klang hell, – und plötzlich zerfiel sie in Staub und verschwand.

Die Jungen hatten jemand zu Boden geworfen und eine Fensterscheibe eingeschlagen. Nun schrien sie Hurra und erhoben ein Indianergeheul. Auch Mitja heulte gedehnt und leise mit.

Das Geheul drang bis ins Lehrerzimmer. Der diensthabende Lehrer, der blasse, glattrasierte, lange und hagere Ardaljon Ssergejewitsch Korobizyn begab sich langsam in den Saal. Bei seinem Erscheinen wurde es etwas stiller. Alle liefen vom Fenster weg, in dem die Scheibe eingeschlagen war. Es fanden sich aber gleich freiwillige Angeber. Die Schuldigen wurden bald festgestellt.

Tschumakin, ein Junge, dessen sommersprossiges Gesicht stets einen besorgten Ausdruck zeigte, lief an Mitja heran und flüsterte ihm zu:

»Laß uns den Ardaljoschka necken!«

»Wie?« fragte Mitja, sich über die bevorstehende Zerstreuung freuend.

»Wollen wir zischen!«

Kaum war Koroblzyn in den Korridor, wo sich schon die Schuljungen drängten, getreten, als Tschumakin und die andern im Turnsaal zurückgebliebenen Jungen zu zischen anfingen. Korobizyn kehrte um und blieb in der Tür stehen. Tschumakin, den er nicht sehen konnte, zischte ruhig weiter.

»Zische auch du, er wird uns nicht sehen!« flüsterte er Mitja zu, sich hinter seinen Rücken versteckend.

Mitja fing zu zischen an. Korobizyn wußte nicht, ob er weggehen oder die Bengel zur Ruhe bringen sollte. Ihm war ja alles gleich. Er trat aber in die Mitte des Saales, spähte nach allen Seiten und fühlte, daß es unmöglich sei, die Schuldigen zu erwischen: sie sprachen friedlich miteinander, wenn er sie ansah, und zischten, sobald er den Blick von ihnen auf eine andere Gruppe von Schlingeln wandte. Korobizyn wurde plötzlich rot vor Zorn.

Mitja war inzwischen etwas vorgetreten. Er lächelte und zischte, ohne daran zu denken, was er tat. Korobizyn stieß mit ihm beinahe zusammen.

»Gib dein Journal her!« herrschte er ihn wütend an.

Mitja war bestürzt.

»Ich habe ja nichts getan!« suchte er sich zu rechtfertigen.

»Gib dein Journal her!« wiederholte Korobizyn eigensinnig, die Zähne zusammenbeißend.

»Sie können ja die andern fragen: ich habe gar nicht gezischt,« sagte Mitja von plötzlichem Ärger ergriffen.

»Das Journal!« schrie Korobizyn voller Wut.

Seine Stimme klang schrill unter der niederen Decke. Mitja ging langsam ins Klassenzimmer, um das Journal zu holen, und brummte im Gehen:

»So mir nichts, dir nichts schreiben sie einem eine Strafnote ins Journal!«

Korobizyn hörte es und erzitterte vor Wut.

»Du Esel!« schrie er Mitja nach. »Jetzt erlebst du was! Bring mir dein Journal ins Lehrerzimmer.«

Und er ging lns Lehrerzimmer, ohne die Jungen, die hinter seinem Rücken noch immer zischten, zu beachten. Ihm war schon wieder alles eins.

VII.

Mitja sagte der Mutter, daß er zu einer Chorprobe müsse. Auf diese Weise hatte er die Zeit von vier bis acht Uhr frei. Er ging aus dem Hause. Es war ihm aber gar nicht lustig zumute. Man läutete zur Abendmesse, und die Glockentöne erfüllten ihn mit Wehmut. Der Himmel hing wie ein alter, verschossen blauer Fetzen tief über den Dächern; graue Wolken zogen langsam über das trübe Blau dahin.

Mitja hatte dumpfe Kopfschmerzen. Er sah wieder Rajetschka deutlich vor sich, – und er dachte, daß sie doch ganz anders sei als alle Menschen. Ihre Haare flossen ihr über den Rücken. Alles zog hinter ihrem durchsichtigen Körper vorbei, und sie blieb unbewegt, ohne die Welt zu verdecken und ohne mit ihr zu verschmelzen. Sie schien von allem abgeschieden. Mitja schien es zuweilen, daß sie dicht auf ihn zugehe und mit dem Kopfe beinahe seine Brust berühre.

Er ging lange und schnell durch die Straßen der großen, unfreundlichen Stadt, in Gedanken, die ihm gegen seinen Willen in den Sinn kamen, versunken, und fühlte keine Ermüdung. Staubwirbel, Rauchsäulen und Wolken formten sich vor seinen Augen zu Rajetschkas Bilde. Der Staub legte sich, der Rauch verzog sich, die Wolken schwebten davon, und die quälende häßliche Alltäglichkeit erstand wieder vor ihm.

Rajetschkas durchsichtiges und leichtes Bild schwebte noch einmal heran, und Mitja glaubte, sie in einem weißen Kleid und weißen Schuhen, mit einem weißen Band umgürtet und mit weißen Blumen an der Brust vorbeischreiten zu sehen. Sie ging als lichte Gestalt vorbei, sie rief ihn nicht, schien ihn aber irgendwie zu bemitleiden, und Mitja folgte ihr...

Mitja geriet ln eine der entlegeneren Straßen. Aus der Ferne bemerkte er den Lehrer Korobizyn; lang, mager, bleich und böse ging er wie immer sehr schnell. Mitja erschrak und stürzte in den nächsten Torweg. Unter der gewölbten Decke, die mit einem blassen Gittermuster bemalt war, war es dunkel, und jeder Ton hallte laut nach. Er wollte abwarten, bis Korobizyn vorbeigehen würde. Was aber, wenn ihn der Lehrer schon bemerkt hat, wenn er in den gleichen Torweg einbiegt, Mitja packt und anschreit?

Mitja konnte es im Torweg nicht länger aushalten und trat in den Hof. Es schien ihm, Korobizyn sei schon im Torwege. Mitja durchquerte schnell den Hof und versteckte sich auf der Treppe des Rückgebäudes.

Kaum war er aber stehen geblieben, als auf dem Pflaster des Hofes Schritte erklangen. Mitja lief die Treppe hinauf. Die Schritte hinter ihm klangen auf den Steinstufen schwer und gemessen, und Mitja stieg immer höher. Vor Müdigkeit und Angst knickten ihm die Knie ein.

Da ist endlich der Dachboden. Die Tür ist nicht verschlossen. Mitja stieß sie auf und kam in einen dunklen Gang. Die Schritte, die ihn verfolgten, hörten auf dem letzten Treppenabsatz auf. Eine Tür wurde aufgemacht und hinter dem Eintretenden wieder geschlossen. Mitja fühlte sich erlöst und von einer plötzlichen Freude ergriffen. Er sah ein, daß es nicht Korobizyn, sondern einer der Hausbewohner gewesen war. Mitja sah zur Tür hinaus, stellte fest, daß auf der Treppe niemand mehr war, und wollte schon wieder hinuntergehen. Plötzlich hörte er aber eine nahe leise Stimme. Jemand las irgendwo in der Nähe etwas vor. Mitja sah sich um. Er entdeckte noch eine Tür, die halboffen stand und auf den Hängeboden führte. Ein grauer Lichtstreif fiel aus der Tür in den Gang, und zugleich mit dem Licht kam von dort eine helle, leise und rasche Stimme.

Mitja blieb eine Meile vor der Tür stehen, machte sie dann ganz auf und trat auf den Dachboden. Er mußte sich tief bücken, um nicht an die Dachbalken anzustoßen.

Am Dachbodenfenster saßen eine alte Frau und ein etwa fünfzehnjähriges Mädchen. Die Alte strickte einen Strumpf, und das Mädchen las ihr etwas aus einem dicken Buche vor. Sie saßen einander gegenüber, die Alte auf einem kleinen Koffer und das Mädchen auf einem leichten Klappstuhl. Das Licht fiel aus dem Fenster zwischen die beiden und legte sich auf ihre Knie. Die Stricknadeln klapperten leise und schimmerten matt in den geschickten Händen der Alten.

Mitja machte einen großen Schritt über einen dicken Balken. Die Alte und das Mädchen schienen hier zu wohnen: es war hier so schön aufgeräumt und sauber gekehrt.

Das blasse unschöne Mädchen hob die Augen vom Buch und blickte Mitja ruhig und freundlich an. Mitja betrachtete sie erstaunt. Sie war so schmächtig und so blaß, daß sie im Halbdunkel, hinter der Lichtsäule, die aus dem Fenster aufs Buch fiel, beinahe körperlos erschien. Das feine Schlüsselbein trat unter der Haut hervor. Das Mädchen war mit einem Sarafan und einem Hemd, das Arme und Schultern frei ließ, bekleidet. Der Sarafan aus verblaßtem, grün getupftem Kattun war ihr schon zu kurz. Hände und Füße waren gelb, wie aus Wachs geformt. Das Mädchen hatte schmale Wangen, einen großen Mund und graue Augen. Die Haare waren blond, glatt und zu einem dünnen, bis an den Gürtel reichenden Zopf geflochten. Das Mädchen saß ruhig, kaum atmend, wie leblos da und erschien Mitja rührend schön. Sein Herz fühlte sich zu ihr sofort hingezogen.

»Setz dich, Junge, ruh dich aus. Du bist, wie ich sehe, müde,« sagte sie leise, doch deutlich, und legte das Buch beiseite.

Mitja setzte sich auf den Balken neben das Mädchen. Und alles erschien ihm hier so sonderbar. Da das Dach beinah seinen Kopf berührte, war es ihm, als ob er sich in schwindelnder Höhe befände.

»Wo kommst du her?« fragte die Alte.

»Ich bin spazieren gegangen,« berichtete Mitja, »und unser Lehrer hat mich gesehen – ich lerne in der Volksschule – also bin ich von ihm fortgelaufen und bin hierher geraten ... Sonst hätte er mich schön abgekanzelt.«

»Schlingel!« sagte die Alte.

Sie strickte weiter und saß so ruhig da, als schlummere sie vor Müdigkeit. Ihr Gesicht war unbeweglich, dunkel und von vielen Runzeln durchfurcht. Die Alte und das Mädchen sprachen sehr leise, und ihre Stimmen schienen aus der Ferne zu kommen.

»Soll er ausruhen, was kümmert's uns,« sagte das Mädchen. »Ich heiße Dunja. Und wie heißt du?«

»Mitja. Und mit dem Familiennamen Darmostuk.«

»Darmostuk,« wiederholte das Mädchen, ohne zu lächeln. »Und wir heißen Wlassow.«

»Nein, wirklich? Wlassow?« sagte Mitja mit freudigem Erstaunen. »Ich hatte einmal einen Lehrer Wlassow, er war so gut, ist aber gestorben. Und wie heißen Sie?« wandte er sich an die Alte.

»Schau ihn nur einer an, wie gerne er Bekanntschaften macht!« sagte die Alte mit leisem Lächeln.

Dunja antwortete für sie:

»Katerina Wassiljewna.«

»Und was treibt ihr hier?« fragte Mitja.

»Mama und ich wohnen hier, erklärte Dunja. »Mamachen ist jetzt nämlich ohne Stelle. Eine Bekannte von uns, die hier im Hause Köchin ist, hat uns hereingelassen, aber ihre Gnädige weiß nichts davon.«

»Und was macht ihr, wenn Wäsche aufgehängt wird?«

»Dann ziehen wir auf einen andern Dachboden,« antwortete das Mädchen ruhig.

»Wo schlaft ihr aber?«

»Wenn es geht, in der Küche, sonst meistens hier. Wenn wir hier übernachten, müssen wir uns früh hinlegen: wir dürfen hier kein Licht machen, wegen der Feuersgefahr.«

»Nicht einmal das Lämpchen vor dem Heiligenbilde darf man anzünden,« sagte die Mutter.

In der Ecke hing ein Heiligenbild, doch ohne Lämpchen davor. Es nahm sich merkwürdig aus, weil es so tief hing.

»Das macht nichts,« sagte Dunja: »Nachts leuchten hier die Sterne herein. Jeder Stern ist wie ein Lämpchen aus Kristall.«

Sie richtete ihre ruhigen, heitern Augen auf das Fenster und wies mit ihrer feinen Hand hin. Mitja folgte ihrem Wink, trat ans Fenster und erblickte den nahen, klaren Himmel. Sein Herz erbebte vor Freude.

»Wie nahe hier der Himmel ist!« sagte er leise und blickte Dunja an.

Das Mädchen saß, die Hände im Schoß gefaltet, ruhig, wie leblos da. Mitja wandte sich wieder zum Fenster.

Ein leerer naher Himmel ... Ein eisernes Dach und in der Ferne lauter Dächer und Schornsteine ... Und so still ist es, als ob in der Nähe niemand wäre und niemand atmete. So unheimlich still!

Mitja wandte sich vom Fenster weg. Die beiden saßen still da. Das leise Klirren der Stricknadeln klang wie das Summen einer Fliege. Mitja wurde es plötzlich etwas unheimlich zumute. Die Alte und das Mädchen sahen ihn an.

»Wie still es hier bei euch ist!« sagte Mitja.

Die beiden schwiegen. Mitja schwindelte es. Er stellte sich vor, wie unheimlich es hier in der Nacht sein müsse. In den Ecken lauerte die Finsternis. Das Dach klirrte ab und zu, wie wenn jemand mit leichten Schritten darüber liefe. Von der Treppe klang manchmal der dumpfe Widerhall von Schritten, Stimmen und Türzuschlagen herauf.

»Habt ihr denn gar keine Angst?« fragte Mitja.

»Vor wem, du dummer Junge?« fragte Dunja freundlich.

Mitja lächelte verlegen und sagte:

»Vor den Kobolden.«

»Die Kobolde tun uns nichts,« antwortete Dunja mit leisem Lächeln. »Aber vor den Hausmeistern müssen wir uns in acht nehmen, daß sie uns nicht vertreiben, und auch vor dem Hausherrn. Wenn sie einen vertreiben wollen, so kann man gegen sie auch mit Zaubersprüchen nichts ausrichten.«

»Und wenn man im Nachtasyl übernachten will, so muß man gleich ein Fünfkopenstück pro Kopf hergeben, einen Zehner für uns beide jede Nacht, das ist leicht gesagt!« fiel die Alte ein. Ihre Stimme klang auf einmal erschrocken.

»Sie werden wohl bald eine Stelle finden,« sagte Mitja, »dann können Sie von hier ausziehen.«

»Das gebe Gott, das gebe Gott!« sagte die Alte seufzend.

Mitja schwieg eine Weile und überlegte sich, womit er Dunja und Dunjas Mutter trösten könnte. »Soll ich ihnen vielleicht das von Rajetschka erzählen?« fragte er sich.

»Wenn ihr wüßtet, was ich neulich gesehen habe,« begann Mitja nach kurzem Besinnen.

Und er erzählte von Rajetschka. Dunja zitterte und sah ihn mit erschrockenen Augen an. Als Mitja zu Ende war, sagte sie mit Entsetzen in den Augen und in der Stimme:

»Die arme Frau, wie unglücklich sie wohl ist!«

»Meinen Sie die Mutter?« fragte Mitja erstaunt. Dunja nickte stumm.

»Sie hat ja selbst nicht acht gegeben, sie ist selbst schuld!« entgegnete Mitja. »Aber das Mädchen kann einem wirklich leid tun … Es ist so schrecklich!«

Er fuhr zusammen: er fühlte plötzlich einen dumpfen Schmerz im Nacken.

»An das Mädchen denke ich gar nicht,« sagte Dunja. »Gott hat es zu sich genommen, hat es von den Sünden gerettet, es ist lachend und spielend gestorben. Wie hat die Mutter auch acht geben können? Sie muß sich ja ihr Brot verdienen!…«

»Mit dem Buckel verdient man nicht viel,« fiel ihr die Alte ins Wort. »Da kann man sich keine Kinderfrau halten. Über unsere Kinder wacht Gott allein. Und wenn Er eines zu sich nimmt, so ist es Sein heiliger Wille. Was ist unser Leben? Wir leben nicht, wir quälen uns bloß.«

Mitja schloß die Augen, – er sah wieder Rajetschka vor sich. Sie schwebte lächelnd vorbei und streckte ihm ihre weißen Hände entgegen. Ihr Antlitz leuchtete vor Seligkeit. Sie war blaß und von Blut befleckt, hatte aber keine Schmerzen. Ihre blonden Locken dufteten süß nach Weihrauch.

»Wie im Traume leben wir dahin,« sagte Dunja langsam, zum nahen blassen Himmel emporblickend. »Und wir wissen nicht, wozu wir leben. Wir wissen sogar nicht, ob wir da sind oder nicht. Die Engel träumen einen schrecklichen Traum, – das ist unser ganzes Leben.«

Mitja blickte Dunja an, lächelte voller Freude und Demut. Er fühlte jetzt, daß es gar nicht weh tut, zu sterben: man braucht alles nur in Demut hinzunehmen.

»Heute ist sie mir aber erschienen,« sagte er leise.

Dunja holte tief Atem, und Mitja sagte sich voller Freude: – Rajetschka atmet! – Er besann sich aber gleich und begriff, daß es Dunja war.

»Bete doch!« riet sie ihm.

»Für Rajetschka?« fragte er.

»Für dich. Rajetschka hat es auch ohnehin gut,« sagte Dunja, und ihr Gesicht erstrahlte in einem traurigen und heiteren Lächeln.

Mitja schwieg eine Welle und begann dann von seinen Lehrern zu erzählen, wie er sie fürchtete und wie sie ihn anschrien.

»Und wie plötzlich so ein Lehrer manchmal auftauchen kann! Ich gehe durch die Straße, denke an nichts, und plötzlich steht einer da und schreit mich an!«

Mitja spreizte die Arme wie erstaunt auseinander und lachte auf. Er sprach jetzt ebenso leise wie sie, und sie hörten ihn: sie waren das leise Sprechen gewöhnt.

»Auch ich habe die Schule besucht, ein Progymnasium,« sagte Dunja. »Jetzt gehe ich nicht mehr hin. So Gott will, werde ich später einmal noch sechs Monate die Schule besuchen und das Lehrerinnenexamen machen. Dann bekomme ich eine Stelle irgendwo auf dem Lande und nehme auch Mamachen mit.«

»Das kommt, weil wir nichts zum Anziehen haben,« sagte die Mutter finster. »Wenn uns unsere Geizhälse wenigstens mit einem Röckchen helfen wollten!«

»Wir werden auch ohne sie auskommen,« entgegnete Dunja ruhig. »Mutter meint eine unserer Verwandten,« erklärte sie Mitja. »Ihr Mann hat eine gute Stelle. Sie brauchen aber ihr Geld selbst: sie haben Kinder.«

»Als sie aber in Not waren, habe ich ihnen geholfen,« sagte die Mutter gereizt, »und bin dabei mit Dunja oft selbst zu kurz gekommen. Aber ich bin für fremde Not sehr empfindlich. Und jetzt hat sie plötzlich alles vergessen. Das ist's, was mich so empört. Ist es nicht unerhört? Sobald der Mensch gut verdient, denkt er nur an sich selbst.«

»Gehen Sie mal zu ihnen hin?« fragte Mitja.

»Neulich war ich mit Dunja dort,« antwortete die Alte, verdrießlich lächelnd. »Sie haben uns recht schön aufgenommen, ich will es nicht leugnen,« berichtete sie weiter. »Die Bewirtung war sogar sehr schön. Was bei ihnen nicht alles auf den Tisch kam! Als wir aber fortgingen, gaben sie uns nicht einmal einen alten Lumpen mit!«

»Mamachen!« sagte Dunja mit leisem Vorwurf.

»Sie wissen, daß ihre leibliche Schwester solche Not leidet,« fuhr die Mutter fort, ohne auf Dunja zu hören, »und können nicht mit fünf oder zehn Rubeln aushelfen! Was sie uns vorsetzten, war vielleicht zehn Rubel wert, und wir sterben vor Hunger.«

»Mamachen!« sagte Dunja etwas lauter und eindringlicher.

Die Alte leierte ihre Klagen hinunter und strickte dabei, über die Stricknadeln gebeugt, wie im Halbschlummer.

»Alles, was wir hatten, haben wir versetzt und verkauft! Das ist eine Plage!« sagte sie. »Ja, wenn man kein Glück im Leben hat ... Sie laden uns oft ein: Komm, sagen sie. Du und deine Dunja seid uns immer willkommen, denn wir lieben und verehren euch, – so sprechen sie immer. Nein, wirklich! Wenn du mich tatsächlich liebst, so zeige es doch, bitte! Nein, das ist keine Liebe, das ist nur Heuchelei.«

Eine dunkle Erinnerung ging Mitja durch den Kopf: hat er nicht schon früher von jemand die gleichen Klagen gehört?

Dunja saß gerade und unbeweglich da, die Hände im Schoß gefaltet, die Augen halb geschlossen, und schien zu schlummern. Ihr von den letzten Sonnenstrahlen beleuchtetes Gesicht erinnerte in seiner Ruhe an den friedlichen Ausdruck in Rajetschkas Zügen.

»Und wenn Sie keine Stelle finden?« fragte Mitja.

»Wie sollte ich keine finden! Gott bewahre!« sagte die Alte mit Unruhe in der Stimme.

»Der liebe Gott wird es schon einrichten,« versetzte Dunja ruhig. »Und wenn Er will, nimmt Er uns zu sich. Wir glauben oft, daß wir keinen Ausweg mehr haben, und die Tür ist dicht nebenan.«

Sie wies mit der feinen, blassen Hand auf den dämmernden Himmel. Mitja blickte zum Fenster hinaus. Die Alte jammerte weiter. Dunja sah sie mit ihren hellen Augen streng an und sagte:

»Mamachen, murre nicht! Gott sei mit ihnen, wir werden auch ohne sie auskommen.«

»Und du belehre mich nicht,« sagte die Alte, die Stimme zornig erhebend. »Ich habe dir wohl lange nicht den Kopf gewaschen!«

»Mamachen, dann sollst du deinen Ärger an mir auslassen und nicht auf sie schimpfen,« entgegnete Dunja ruhig.

Die Mutter beruhigte sich sofort und sagte friedlich, wenn auch noch etwas brummig:

»Gott hat für jeden seine Strafe. Die Reichen haben verzogene Kinder, die ihnen genug Sorgen machen. Ich habe aber nur ein sanftes Täubchen, an dem ich nicht mal meinen Zorn auslassen kann.«

Dunja lächelte, und ihr Gesicht erstrahlte auf einmal vor Freude. Mitja dachte:

»So kann nur Rajetschka lächeln!«

Und es wurde ihm freudig ums Herz.

»Mitja, willst du, daß ich dir meine Bildchen zeige?« fragte Dunja.

»Gut, zeig sie mir,« sagte Mitja.

Dunja stand auf – sie war etwas größer als Mitja –, ging, sich unter dem niedern Dach beugend, in eine Ecke, kramte eine Weile im Koffer und kam bald mit einer Mappe zurück. Die Mappe war alt, mit abgebrochenen Ecken, und die Bänder, mit denen sie verschnürt war, waren schon recht brüchig. Dunja hielt aber die Mappe so behutsam in der Hand und blickte sie so an, daß Mitja sich gleich sagte, daß sie wohl ihre teuersten und liebsten Sachen in ihr verwahre. Dunja setzte sich auf den Balken neben Mitja, legte die Last auf den Schoß, löste langsam die Bänder und schlug die Mappe mit einem freudigen und heitern Lächeln auf. Die Mappe enthielt vergilbte, zum Teil zerrissene Bilder aus alten illustrierten Zeitschriften. Dunja durchblätterte sie mit ihren feinen blassen Fingern. Sie suchte das am stärksten vergilbte, ganz zerrissene Blatt heraus – es war ein Holzschnitt nach irgendeinem alten Gemälde – und reichte es Mitja. »Die Bilder sind gut!« sagte sie mit Überzeugung. »Ich habe sie statt Puppen. Ich liebe sie sehr.«

Mitja blickte das Mädchen an. Sie hatte die Augen verschämt niedergeschlagen, und auf ihren Wangen lag auf einmal ein Anflug blasser Röte. Mitja blickte das Bild an. Es schwamm vor ihm wie im Nebel auseinander. Ein bitteres Gefühl kitzelte ihn an der Kehle. Es war wie schmerzliches Mitleid. Mitja ließ das Bild aus der Hand, bedeckte das Gesicht mit den Händen und begann, er wußte es selbst nicht, warum, zu weinen.

»Was hast du, Lieber?« fragte Dunja, sich zu ihm vorbeugend.

»Rajetschka!« flüsterte Mitja, in Tränen schwimmend.

Dunja legte ihm die Hand auf die Schulter. Mitja schmiegte sich an sie, umarmte sie und fühlte, während er selbst bitterlich weinte, Dunjas stille Tränen auf seinen Wangen.

»Mitja, tröste dich,« sagte Dunja leise. »Willst du, daß ich dir ein Liedchen singe?«

»Ja,« sagte Mitja unter Tränen.

Und Dunja tröstete ihn mit ihren leisen Liedchen...

IX.

Als er von den Wlassows fortging, war es schon Abend geworden. Oben auf dem Dachboden hatte noch helles Dämmerlicht geherrscht, hatten in der Stille traute Worte geklungen, unten dunkelte es aber schnell, und man zündete die Laternen an.

Alles schien unwirklich, wie gespensterhaft.

Stumm brannten die Gasflammen in den Laternen; dröhnend fuhren die Wagen über das steinerne Pflaster; die Schaufenster der Geschäfte waren hell erleuchtet; zufällige, überflüssige, häßliche Menschen gingen, ohne stehen zu bleiben, vorbei und klapperten mit den Stiefeln auf den Steinen der Bürgersteige. Mitja hatte große Eile. Das Läuten der Pferdebahnen und die Schreie der Droschkenkutscher weckten ihn manchmal aus der Welt der schwankenden Traumbilder, die vor ihm aus den stummen Dingen im unsichern, nebligen Lichte wieder erstand.

Die Menschen sahen gar nicht wie Menschen aus: er sah Nixen mit lockenden Augen, seltsam weißen Gesichtern und leise rieselndem Lachen; schwarzgekleidete, böse, teuflische Gestalten, die von der Hölle ausgespien schienen; Kobolde lauerten in den Torwegen, – und es waren auch noch andere, aufrechtstehende Gestalten, die wie Werwölfe aussahen, dabei. Mitja wollte sich Dunja vorstellen, aber ihr Bild schwamm in der Erinnerung mit Rajetschkas Bilde zusammen, obwohl er wußte, daß Dunja ein ganz anderes Gesicht hatte. Und plötzlich hatte er Zweifel: ob nicht auch Dunja eine Ausgeburt seiner Phantasie gewesen war?

– Nein, – sagte er sich sofort, – sie lebt: sie hat ja auch eine Mutter. Aber wie sah eigentlich die Alte aus? –

Mitja konnte sich wohl an ihre einzelnen Zuge – an die tiefen Furchen im Gesicht, die grauen Haare unter dem Kopftuch, die eingefallenen Wangen, den großen Mund und die runzligen bebenden Hände erinnern –, aber es wollte ihm nicht gelingen, ein ganzes Bild zu schaffen.

Als Mitja seine Treppe hinaufstieg, erblickte er im Halbdunkel Rajetschka. Sie ging rasch über den Treppenabsatz und lächelte ihm leise zu. Sie war durchsichtig, und alle Dinge um sie her blieben bei ihrem Erscheinen unverändert. Sie verschwand, und Mitja konnte nicht begreifen, ob er sie wirklich gesehen oder nur an sie gedacht hatte.

X.

Mitja ging am nächsten Morgen um eine halbe Stunde früher als sonst aus dem Hause. Der frische Morgen freute ihn. Die Sonne strahlte nicht zu grell, und ein kaum sichtbarer Nebelschleier lag über dem eingeengten Horizont der Stadt. Viele Menschen mit besorgten Gesichtern gingen rasch vorbei, und die ersten Schuljungen zeigten sich schon auf den Straßen. Mitja bog um die erste Ecke und ging nicht in die Schule, sondern nach einer andern Seite. Er beeilte sich, um nicht auf jemand von seinen Kameraden oder Lehrern zu stoßen.

Er hatte gestern auf dem Weg gar nicht acht gegeben, und doch war er ihm ganz von selbst im Gedächtnis haften geblieben. Mitja kam bald in die Gegend, durch die er gestern abends nach Hause gegangen war. Er fühlte, daß es der richtige Weg war, und er dachte an Dunja und an Dunjas Mutter.

»Die Armen!« dachte er. »Sie sind wohl schon lange ohne Stellung und hungern auf ihrem Dachboden. Darum sind sie so bleich, Dunja ist ganz gelb geworden, die Alte beugt sich über das Strickzeug und scheint zu schlafen, und beide sprechen so leise, wie wenn sie einschlummerten oder schon schliefen.«

Die morgendlichen Straßen, Häuser und Pflastersteine, die neblige Ferne, alles schlief noch. Man hatte den Eindruck, daß alle Dinge den Schlaf von sich abschütteln wollten und es nicht konnten, daß etwas sie immer zu Boden drückte. Nur der Rauch und die Wolken erwachten ab und zu aus ihrem Schlummer und stiegen in die Höhe.

Durch das Dröhnen der Wagen und das Stimmengewirr hindurch klang manchmal Rajetschkas Stimme: sie erklang und verstummte gleich wieder. Rajetschkas Atem hauchte ihn manchmal wie ein leiser Morgenwind an. Er sah wieder Rajetschka, schon und licht, vor sich. Ihr nebliges, leichtes Bild schwebte in den noch nicht grellen Sonnenstrahlen und im bläulichen Morgenlichte...

Mitja lief so schnell auf den Boden hinauf, daß er sich mit dem Kopf an einem Dachbalken anschlug. Er erbleichte vor Schmerz. Aber er lächelte und ging auf die Wlassows zu.

Dunja flocht am Fenster ihre blonden Haare in einen festen Zopf. Mutter und Tochter saßen wie gestern einander gegenüber. Die Mutter strickte, und die Nadeln klirrten leise in ihren hastenden Händen. Sie blickte Mitja durchdringend an und sagte:

»Unser gestriger Freund hat sich schon so früh gemeldet!«

»Hier muß man vorsichtiger sein, Mitja,« sagte Dunja. »Gehst du zur Schule? Setz dich, ruhe aus, wenn du noch Zeit hast.«

»Schöne Gemächer haben wir hier,« murmelte die Alte. »In der ersten Zeit stießen wir uns selbst jeden Augenblick die Köpfe an.«

Die Sonnenstrahlen fielen zum Fenster herein. Eine schräge Staubsäule leuchtete in der Sonne. Die Stäubchen flimmerten in allen Farben des Regenbogens. In den Ecken lagerte das Dunkel. Mitja saß auf dem Balken und blickte auf Dunjas schönen, schmalen Hände. Ihr Gesicht schien müde, und die grauen Augen blickten freudlos. Sie sprach leise und langsam. Mitja lauschte, freute sich über ihre Stimme und achtete nicht auf die Worte, plötzlich sagte die Alte:

»Nun, liebster Freund, ist es noch nicht Zeit, in die Schule zu gehen?«

Mitja stammelte errötend:

»Ich bleibe lieber eine Weile da, ich habe keine Lust, in die Schule zu gehen.«

»Ob du Lust hast oder nicht, aber hingehen mußt du!« entgegnete die Alte ruhig.

»Mutter hat recht, Mitja, lauf schnell hin,« sagte Dunja. »Sonst kommst du zu spät: schau nur, wie hoch schon die Sonne steht!«

Mitja hatte gar nicht daran gedacht, daß man ihn hier nicht lange sitzen lassen wird. Er nahm verlegen Abschied und ging hinaus. Im dunklen Gang scharrte er auf dem Fußboden herum, fand eine Spalte zwischen den Brettern und steckte seine Bücher hinein.

Als er auf der Straße war, fühlte er, daß er alles, was ihn hier in dieser großen, unfreundlichen Stadt umgab, – die langen Straßen mit den großen Häusern, die Menschen, die Steine, die Luft und den Straßenlärm – gar nicht brauchte. Es ist so langweilig hier, und er muß durch die Straßen gehen und gut aufpassen, um nicht auf jemand von den Lehrern oder Kameraden zu stoßen...

– Dunja will nicht, daß ich die Schule schwänze! – sagte sich Mitja erstaunt. Sie ist doch wirklich merkwürdig! Rajetschka ist es aber ganz gleich, wie ich bin: ob ich die Leute anlüge oder nicht. Und wenn es überhaupt einen Gram gibt, so ist es nicht Rajetschkas Gram, sondern der Gram um Rajetschka. –

Ein leichter Regenschauer zog über die Stadt wie das Weinen um Rajetschka. Aber schon nach einer halben Stunde war von ihm keine Spur mehr geblieben...

Mitja verirrte sich auf den großen leeren Marktplatz in der Vorstadt. Er ist mit riesengroßen Steinen gepflastert. Mitten durch den Platz zieht sich eine Reihe schwarzer Laternenpfähle. Ringsherum stehen Speicher aus braunen Backsteinen, Zäune und steinerne und hölzerne Häuschen. An der Ecke erhebt sich ein nicht sehr großes einstöckiges Gebäude mit kleinen Fenstern. Es ist gelb getüncht. Das Dach ist aus Eisen und rot gestrichen. Auf den Marktplatz führt ein ungedecktes Treppchen aus drei Kalksteinstufen. Über der Türe hängt ein Schild mit schwarzer Aufschrift auf weißem Grund: »Zweites Städtisches Nachtasyl«.

Mitja stand auf dem Platze und betrachtete aufmerksam das häßliche Gebäude.

– In diesem Hause wird vielleicht auch Rajetschka mit ihrer Mutter nächtigen müssen, um fünf Kopeken für die Nacht, dachte er, Rajetschka auf eine seltsame Weise mit Dunja verwechselnd. Schwere Gedanken bedrückten ihn.

– Und wer mag dort hinter diesen rohen Wänden auf den schmutzigen, klebrigen Pritschen schlafen, nachts, wenn es nach Schweiß und Schmutz riecht? Betrunkene Strolche, wie dieser da, der zerschlagen und zerfetzt in der Türe der Branntweinschenke steht und mit seinen entzündeten blöden Augen vor sich hinstarrt und angestrengt an etwas denkt. Und in solcher Gesellschaft muß Rajetschka die Nacht verbringen! –

Mitja wandte den Blick von dem Betrunkenen weg und richtete ihn wieder auf die schmutziggelbe Mauer. Er glaubte dahinter die Pritschen zu sehen. Es ist leer. Rajetschka liegt allein auf den nackten Brettern; sie hat sich zu einem Knäuel zusammengerollt und die kleinen Fäuste unter dem Kopf geschoben, die blonden Locken fallen auf die Bretter herab, und sie verzieht den kleinen Mund zu einer weinerlichen Grimasse. So hart hat sie es auf den Brettern...

XI.

Mitja saß im Boot. Er wollte sich auf das andere Ufer übersetzen lassen und von dort dann über die Schiffsbrücke zurückkehren. Der breite Fluß Snow schaukelte leicht das rotgestrichene Boot, und ein leichter Wind kräuselte das Wasser. Die Sonne spiegelte sich im Fluß als ein breiter glänzender Streifen; es tat weh, ihn anzusehen, er funkelte, schwankte und freute sich. Außer Mitja saßen noch vier Fahrgäste im Boot: zwei junge Kleinbürgerinnen in bunten Kopftüchern, dick, rotbackig, gesprächig und lustig; ein älterer mürrischer Mann und ein junger blonder Kerl in steifem Hut, er schäkerte fortwährend mit den beiden jungen Frauen, hatte aber ein böses Gesicht mit schielenden Augen und dünnen Lippen. Der kräftige schwarzbärtige Bootsmann in rosa Hemd ruderte schweigsam und träge. Dampfschiffe, die die Sommerfrischler in die Stadt und wieder aufs Land brachten, fuhren vorbei. Ab und zu erschien ein schwarzer Schleppdampfer, von plumpen Barken gefolgt. Wenn sich das Boot vom Kamme einer breiten und langen, vom Dampfer erzeugten Welle senkte, stand Mitja das Herz still, und dieses schwindelnde Gefühl war gar nicht unangenehm.

Mitja wartete. Im feierlichen Leuchten der Sonne und im majestätisch heitern Tag schien irgendeine untrügliche Verheißung zu liegen, – er wartete, und seine Seele war bereit, das Wunder voller Andacht und Ehrfurcht zu empfangen.

Jemand berührte leise seinen Ellenbogen. Diese Freude!... Doch nein, es war nicht Najetschka: es war nur die junge Kleinbürgerin, die die Schalen der Sonnenblumenkerne, die sie knackte, ins Wasser warf.

Mitja blickte wieder auf den hellen Streifen im Wasser. Rajetschka näherte sich dem Boot. Ist sie denn lebendig? – fragte sich Mitja. Ja, – sagte er sich gleich darauf, – sie ist ja auferstanden. Was macht's, daß man sie verscharrt und vergessen hat?! Da naht sie in feierlichem Glanz, weiß, streng, und es gibt nichts außer ihr. Sie hat ein weißes Brautkleid an, einen weißen Schleier, und ist mit weißen Blumen und grünen Blättern geschmückt. Die Haare stießen ihr bis zum Gürtel herab, sie ist ganz leicht, wie aus Nebel gewebt.

»Rajetschka!« flüstert Mitja und lächelt selig.

Rajetschka lacht und sagt:

»Ich bin nicht mehr Rajetschka, ich bin erwachsen. Ich heiße jetzt Raja, denn ich lebe im Paradies.«

Ihre Stimme klang so, wie wenn der Wind und das Wasser silberne Satten zum Tönen brächten. Mitja konnte aber nicht begreifen, ob Rajetschka wirklich die Worte sprach, die er hörte, oder ob er sie sich nur einbildete, während sie etwas ganz anderes sagte. Sie entfernte sich nickend und lächelnd, licht und vielfarbig in den hellen Sonnenstrahlen. Dann fing sie zu brennen an und wurde zu einer leuchtenden goldenen Kugel, die an die Sonne erinnerte, aber dem Auge noch mehr Freude machte. Die Kugel wurde immer kleiner, verwandelte sich bald in einen grellen Punkt, und auch dieser erlosch. Alles wurde nebelig und dunkel, und die Sonne leuchtet auf einmal trüb.

XII.

Mitja ging leise die Treppe hinauf, nahm seine Bücher aus der Spalte im Fußboden und erschien auf dem Dachboden, als käme er eben aus der Schule. Dunja und ihre Mutter saßen wie gestern einander gegenüber. Jetzt strickten sie beide, und die Nadeln klirrten in ihren schnellen Händen.

»Guten Tag, Raja!« sagte Mitja.

Dunja sah ihn mit ihren Augen, die ebenso hell waren wie Rajas Augen, an und entgegnete:
»Ich bin Dunja.«

Mitja errötete und sagte verlegen:
»Ich habe mich geirrt. Du siehst wie Rajetschka aus, Dunja.«

Dunja schüttelte langsam den Kopf. Sie stand auf, legte das Strickzeug auf den Stuhl, trat ans Fenster und rief:
»Mitja!«

Mitja ging auf sie zu. Sie legte ihm die Hand auf die Schulter und sagte leise:
»Man sieht von hier den Himmel. So schön ist es!«

Mitja fühlte freudig die Berührung ihrer seinen Hand. Er dachte sich: »Raja war einst klein, sie wächst aber ja!«

»Wenig Gutes!« brummte die Alte. »Wir können dir wenig Gutes berichten: der Krakehler war da und schrie uns so an, daß wir beinahe taub wurden.«

Dunja ging wieder an die Strickarbeit.

»Der Oberhausmeister war da,« erklärte sie Mitja ruhig. »Nun?« fragte Mitja erstaunt und erschrocken.

»Er kam her und schrie: Schert euch!« sagte die Alte. »Wohin sollen wir uns aber scheren? Nur das eine möchte ich wissen: Wohin sollen wir gehen? Wir haben ja keine Heimat.«

Sie brach in Tränen aus, wurde über und über rot und runzlig wie Rajetschkas Mutter. Dunja saß aufrecht und blaß da und sah sie an, während die Stricknadeln in ihren schnellen Händen leise klirrten. Mitja wußte, daß ihr das Herz um ihre Mutter schmerzte. Er empfand aber kein Mitleid, und er fühlte mit derselben Gleichgültigkeit den heftigen Schmerz in den Schläfen und Dunjas stumme Trauer.

»Mein Gott! Die Leute müssen ja sehen, daß uns die Armut dazu zwingt!« sagte die Alte, weinend, während die Stricknadeln in ihren zitternden Händen klapperten.

Mitja saß noch eine Weile schweigend da und ging dann nach Hause.

XIII.

Mitja entschloß sich wieder, die Stunden zu schwänzen. Er hatte noch für das vorige Mal bei Nasarow ein Blatt aus dem Journal gekauft. Nun galt es nur noch, die Eintragung der Gnädigen: »Krankheitshalber gefehlt« zu fälschen: Aksinja konnte weder lesen noch schreiben, und die Eintragungen und Unterschriften in Mitjas Journal wurden von der Gnädigen gemacht. Nasarow übernahm es, dieses Blatt und Mitjas Journal zu einem seiner Freunde zu tragen, der im Nachahmen von Handschriften sehr geschickt war, und es morgen fertig mit dem Journal zurückzubringen.

Mitja teilte sich den Tag wie folgt ein: morgens wird er spazieren gehen, dann nach Hause zurückzukehren, zu Mittag essen, nach dem Essen der Mutter sagen, daß er wieder zu einer Chorprobe müsse, und statt zur Chorprobe zu Dunja gehen. Morgens begab er sich auf den Friedhof. In der Friedhofskirche liegen Leichen und herrscht Leichengeruch. Mitja kniet auf den Steinfliesen vor dem Altar und betet. Blaue Weihrauchwolken steigen empor und füllen die Kirche. Am Altar geht Raja, halb durchsichtig und leicht auf und ab. Sie strahlt vor Freude. Sie ist weiß gekleidet, ihre Arme sind entblößt, die Haare fallen in breiten hellen Strähnen bis über den Gürtel herab. Um den Hals trägt sie Perlen, und auch ihr leichter Kopfschmuck ist mit Perlen bestickt. Sie ist so weiß, wie kein lebendes Wesen, und wunderschön.

Sie blickt Mitja mit dunklen, freudigen und zugleich ernsten Augen an, und er fühlt den Wunsch zu sterben. Ist sie nicht der Tod selbst? Der schöne Tod! Wozu soll er dann noch leben?

Rajas Stimme klingt so hell und klar. Mitja hörte nicht, was sie sagt. Er lauscht gespannt dem Widerhall ihrer Worte in seinem Innern, und durch die Qual seines Kopfschmerzes hindurch hörte er ihre leise wehenden milden Worte:

»Fürchte dich nicht!«

Es freut sich, daß alles so dunkel sein wird wie in Rajas Augen, daß alles zur Ruhe kommen wird – die Schmerzen, die Sehnsucht und die Angst. Er muß sterben wie Raja und so sein, wie sie.

Es ist so süß, im Gebet und im Anblick des Altars, des Weihrauchs und Rajas unterzugehen und sich selbst und die Steine und alle schrecklichen Gespenster des trügerischen Lebens zu vergessen.

Raja ist ganz nahe.

»Warum bist du weiß?« fragt Mitja leise.

Und Raja antwortet ebenso leise:

»Nur wir allein sind weiß. Ihr alle seid rot.«

»Warum?«

»Ihr habt Blut.« Rajas Stimme klingt so hell und leise wie die Kette des Weihrauchfasses vor dem Altar. Raja steigt im blauen Rauch, ganz durchsichtig und blau, zu der Kirchenkuppel empor. Alles kleidet sich vor Mitjas Augen im blauen Nebel. Hinter den Kirchenwänden ist bange Angst, dunkle Gespenster lauern auf ihn, und er kann ihnen nicht entrinnen.

XIV.

Auf Dunjas Dachboden gab es kein Lämpchen, aber es duftete nach Lampenöl und Zypressen-holz. Gebet und Frieden umwehten die Seele.

Dunja und ihre Mutter saßen wieder auf ihren gewohnten Plätzen, und Dunja las vor. Sie las den Schluß von Zolas »Germinal«. Sie erzählte Mitja kurz den Inhalt des Buches. Dann las sie weiter vom Unglück im Bergwerk. Sie las sehr deutlich und mit viel Gefühl, wenn auch zuweilen mit übertriebenem Ausdruck.

Mitja schloß die Augen. Es schien ihm, daß in der Ecke vor dem Heiligenbilde ein Lämpchen brenne und Dunja mit weißem Licht übergieße... Der Vorlesung höre noch jemand zu... Es seien ihrer viele, – kniende, lichte Gestalten... Mitja schwieg andächtig, den Kopf gesenkt.

Dunja war zu Ende. Sie legte die Hände in den Schoß und saß unbeweglich da. Die Alte schluchzte und schneuzte sich ab und zu die Vase. Mitja lächelte, doch über seine Wangen liefen durchsichtige, große Tränentropfen.

Dunja sagte:

»Wie unglücklich sie doch war! Wozu hätte sie noch leben sollen? Es ist gut, daß sie gestor-ben ist. Es ist gut, daß es den Tod gibt.«

Und Dunja brach plötzlich in Tränen aus. Sie saß gerade und unbeweglich, die blassen Hände im Schoß gefaltet, ihr Gesicht war nicht verzerrt, sondern ruhig und heiter, aber die Tränen flossen in Strömen aus den plötzlich dunkel gewordenen Augen die schmalen Wangen herab und fielen auf die bloßen Arme.

»Was weinst du denn?« fragte Mitja, und sein Herz krampfte sich vor Trauer und Ratlosigkeit zusammen.

»Sie war so schön,« sagte Dunja leise, die Lippen kaum bewegend, wie geistesabwesend, »und sie hatte die Seele eines Engels. Man hatte sie in das Loch gesteckt, und sie ist da umgekommen wie eine Ratte in der Falle. Was sind das für Menschen: Manchmal tut es einem leid, daß man auf dieser Erde geboren ist!«

»Was gibt es dann Gutes auf dieser Erde?« fragte Mitja.

Dunja schwieg eine Weile. Ihre Tränen waren versiegt. Dann erhob sie sich und sagte:

»Wir wollen zusammen beten, Mitja.«

Sie knieten ln der Ecke vor dem Heiligenbilde auf dem staubigen, schmutzigen Fußboden nieder. Dunja sagte die Gebete laut vor, und Mitja sprach einzelne Worte nach, ohne irgend-einen Sinn in sie hineinzulegen, und lächelte verlegen. Sein mageres Gesicht mit der langen Nase schien höhnisch zu lächeln. Dunja weinte vor Rührung, und Mitja fühlte nur Kopfweh und konnte nicht begreifen, warum sie so weinte.

Es kam ihm vor, daß dort auf dem Stuhl am Fenster hinter den Betenden Raja sitze, ihre weißen Hände bewegten sich langsam und wickelten lange weiße Fäden auf. Zwei durchsichtige Wölkchen zitterten über ihren Schultern. Sie fragte die Alte:

»Warum weinst du?«

»Man kann vor Hunger einfach krepieren! An mich denke ich ja nicht, aber um Dunja ist's schade!« erwiderte die Alte weinend. Raja lächelte heiter und wickelte langsam die langen Fäden auf.

XV.

Mitja saß im Klassenzimmer. Es war die Geschichtsstunde, und der Lehrer Konopatin hörte den Schülern die Lektion ab.

Konopatin war ein dickes, kurzes, bewegliches Männchen mit rasiertem Kinn und langem weißem Backenbart. Er schimpfte gerne und hatte gleichsam zwei Gesichter: ein süßes und verschlagenes für seine Kollegen und ein strenges für die Schüler. Mitja fürchtete ihn mehr als die andern Lehrer, besonders seitdem Konopatin Inspektor geworden war.

Mitja zitterte vor Angst, aufgerufen zu werden, und langweilte sich, weil er sitzen, schweigen und uninteressante Dinge anhören mußte. Das wirkte ermüdend und einschläfernd, und es war ihm, als ob er keinen eigenen Willen mehr hätte. Ganze Schwärme von Gedanken gingen ihm durch den Sinn, und er hatte keine Kraft, sie zu verjagen.

Der kleine rothaarige Sacharow sagt die Lektion auf. Er schüttet die Worte laut hin und streckt die Unterlippe wie eine Klappe vor, damit die Worte über sie hinüberspringen. Die rechte Hand hält er im Gürtel. So komisch ist er...

Raja erscheint halb durchsichtig und leicht. Ihr sehnsuchtsvoller Blick ist ruhig. Mitja lächelt ihr zu, und sein Gesicht erstrahlt plötzlich vor Freude...

Dann kommt der lange Wodokrassow mit dem dunklen Gesicht dran; er hat die Lektion schlecht vorbereitet und will sich an das Vergessene erinnern. Man sagt ihm vor und paßt auf, daß der Lehrer es nicht merke.

Mitja lächelt Raja zu und flüstert:

»Warum bist du so fern? Komm doch näher!« Konopatin hörte das Vorsagen und sah Mitjas Lippen sich bewegen. Er glaubte, daß Mitja vorsagte.

»Darmostuk, du wagst es, vorzusagen?!« rief er zornig aus. »Gib dein Journal her!«

Mitja fuhr zusammen, holte sein Journal hervor und trug es zum Lehrer. Als es aber schon in den Händen des Lehrers war, erinnerte er sich plötzlich, daß er darin das Blatt mit der gefälschten Eintragung und zugleich das echte Blatt für die gleiche Woche liegen gelassen hatte. Mitja erschrak und streckte die Hand wieder nach dem Journal aus, es war aber schon zu spät. Konopatin merkte an Mitjas ängstlicher Bewegung und an seinem schuldbewußten Gesicht, daß etwas nicht in Ordnung sei, und sah sich das Journal näher an. Zwei Blätter für die gleiche Woche, das eine davon nicht eingeheftet, die losen Fäden, die Einrisse an jedem Blatt, damit man sie bequemer einheften kann, – das alles fiel ihm sofort auf.

»A-ha!« sagte Konopatin gedehnt. »Was ist das für ein Zauber? Ach, du Vieh! Du wagst es, das Journal zu fälschen?!«

Ein Strom von Schimpfworten ergoß sich über Mitja.

XVI.

Man teilte Mitjas Mutter sein Vergehen brieflich mit. Der Brief kam am nächsten Morgen an, als Mitja noch in der Schule war.

Als Mitja heimkam, empfing ihn die Mutter mit Schimpfworten und Püffen. Die Gnädige hörte Aksinjas Geschrei und kam wie ein Geier in die Küche gestürzt.

»Wie hast du es gewagt?« schrie sie, auf den bestürzten Mitja zugehend und ihn an den Schultern packend. »Nein, sag mir sofort, wie hast du gewagt, die Schule zu schwänzen?! Sag es mir auf der Stelle!« Mitja wußte nicht, was zu sagen und zitterte vor Angst.

»Ungehorsamer, nichtsnutziger Bengel!« schrie Aksinja: »Du willst keinen Finger rühren, und deine Mutter muß sich für dich abrackern! Du siehst es ja selbst, du siehst es genau!«

»Du mußt dir Mühe geben, bist ja kein kleines Kind mehr«, sagte Darja. »Du bist ja schlimmer als jedes Vieh!«

Alle drei standen ihm gegenüber und schimpften auf ihn. Sie hatten böse Gesichter und erschienen Mitja schrecklich und häßlich.

»Man wird dich aus der Schule hinausjagen, du Nichtsnutz!« jammerte die Mutter. »Was fange ich dann mit dir an, du Taugenichts? Wo soll ich dich dann hingeben, du langnasige Fratze?«

– Ich werde sterben wie Raja, – dachte sich Mitja. Er sagte nichts und weinte, während seine Schultern wie vor Kälte zitterten. In der Türe standen Otja und Lydia. Sie lachten und schnitten Grimassen, Mitja bemerkte sie aber nicht. Otja neckte ihn mit lautem Geflüster:

»Du Schwänzer! Schwänz-schwänz-schwänzer! Schwänzer – Scharwenzler! Vagabund!«

Frau Urutin hörte es und lächelte zufrieden: sie war stolz auf Otjas Mutterwitz.

»Ich will morgen selbst in die Schule fahren!« erklärte sie feierlich und verließ mit großer Würde die Küche.

Die Worte der Gnädigen hatten großen Eindruck gemacht. Aksinja seufzte schwer, von der Großmut der Gnädigen und von der Verworfenheit ihres Sohnes schier erdrückt. Darja sagte empört und vorwurfsvoll:

»Die Gnädige selbst! Wegen eines solchen Auswurfs, mit Verlaub zu sagen!«

Mitja saß vor seinen Lehrbüchern und weinte bitterlich. – Ist das nicht alles ein Traum, – dachte er sich, – die Schule, die Gnädige und dieses ganze rohe Leben? –

Er erinnerte sich, was man tun muß, um zu erwachen, und begann sich in die Beine zu zwicken. Der heftige Schmerz weckte ihn aber nicht. Nun wußte er, daß er all das Schreckliche wirklich durchkosten mußte. Der Kopf schmerzte ihn den ganzen Tag so unerträglich. Wenn das Kopfweh doch nur etwas nachlassen wollte! Raja tröstete ihn. Als es schon dunkel geworden war, aber noch kein Licht brannte, erschien sie im unbestimmten geheimnisvollen Leuchten der letzten Strahlen mit leichten, luftigen Schritten, für alle außer Mitja unsichtbar. Sie war halb durchsichtig, und die Dinge erschienen durch sie hindurch wie durch die leichten Tränen, durch die die Welt zitternd und schwankend erscheint. Wie eine junge Prinzessin, in weißem festlichem, mit Perlen besticktem Gewande, mit Perlenkopfschmuck und Perlengehängen, die unter ihren Ohren zitterten und an den Schultern die Perlen des Halsgehänges klirrend berührten, stand sie vor Mitja und tröstete ihn mit tiefen, ernsten Blicken. Die Perlen schimmerten matt und gelblich mit einem rosa Abglanz wie die weißen Wolken in der Himmelshöhe beim letzten Verglühen des Abendrots.

– Perlen bedeuten Tränen, – dachte Mitja voller Angst.

»Meine Tränen sind süß!« erwiderte Raja tonlos.

»Raja, laß mich deine weiße Hand küssen,« flüsterte Mitja.

»Das geht jetzt nicht: wir sind zu verschieden,« entgegnete Raja mit zarter Stimme, den Kopf schüttelnd.

Die Perlengehänge und die Perlenfäden des Kopfschmucks begannen zu zittern und zu klirren, und Raja trat etwas zurück. Mitja sah, daß sie anders war als er. Sie war licht und stark, er aber dunkel und schwach; er war wie in einem Leichnam eingeschlossen, sie aber lebendig und in allen Farben und Lichtern strahlend, und ihre unsagbare Schönheit stillte den unerträglichen dumpfen Schmerz in seinem armen Kopfe.

»Bleibe bei mir, geh nicht fort, Raja!« flüsterte Mitja.

»Fürchte nichts,« entgegnete Raja sanft, »ich werde bei dir sein, ich werde kommen, wenn es Zeit ist. Folge dann mir.«

»Ich fürchte mich!«

»Fürchte dich nicht!« tröstete ihn Raja. »Bedenke nur: alle diese Dinge werden nicht mehr sein. So leicht ist das! Und ein neuer Himmel wird sich über dir öffnen!«

»Und Dunja? Und die Mutter?« fragte Mitja schüchtern.

Raja lächelte und leuchtete vor Freude, ihre Perlen schimmerten matt und raschelten. Ihr tiefer Blick sagte Mitja, er müsse glauben, und nichts fürchten, und auf das Kommende warten, und ihr gehorsam diese hohe Treppe hinauf folgen.

Die Treppe ist weiß und breit. Die Stufen sind mit blutroten Teppichen bedeckt, und auf den Absätzen stehen Spiegel und Palmen. Raja steigt immer höher und sieht sich nicht um. Ihre Füße in den weißen Schuhen erklimmen langsam die roten Stufen. Da ist ein Fenster, und dahinter eine helle Straße, Lichter und Sterne. Mitja hat Flügel, er fliegt und taucht in die Luft und geht in süßem Vergessen unter.

Plötzlich ertönt die rohe Stimme der Mutter.

»Schnarche nur, Schatz!« schreit sie: »Schnarche noch mehr: hast ja am Tage genug spaziert!«

Püffe, Erwachen, Angst und Wehmut. Gelbe Wände, trübes Lampenlicht, der Kattunvorhang, die Koffer, der Samowar. Mitjas Herz wurde schwer.

XVII.

Traurig zog sich der heitere Tag hin. Mitja kam aus der Schule heim. Die Mutter schwieg und machte sich mürrisch am Herde zu schaffen. Darja ging mit geheimnisvollem und bösem Gesichtsausdruck fort und kam bald zurück. Hinter ihr schob sich der mürrische Hausmeister Dementij in die Küche. Er war rothaarig und hatte unbewegliche Augen unter buschigen, zusammengewachsenen Brauen. Er blieb wie angewurzelt an der Eingangstür stehen. Die Gnädige kam zu ihm durch den Korridor in die Küche; als sie an der Kammer vorbei ging, blickte sie Mitja gar nicht an. Dementij verbeugte sich vor ihr.

»Guten Tag, lieber Dementij!« sagte die Gnädige mit schmachtender Stimme. »Und wo ist Dmitrij?« fragte sie, sich an Aksinja und Darja wendend, die nebeneinander standen und auf etwas zu warten schienen. »Ruft den Dmitrij her!« befahl die Gnädige.

Mitja kam selbst aus der Kammer herbei. Alle blickten ihn feindselig an, und er bekam Angst.

»Hör also, lieber Dementij,« sagte die Gnädige, auf Mitja zeigend, »nimm einmal diesen Taugenichts...«

»Zu Befehl!« sagte Dementij und ging auf Mitja zu.

»Führe ihn zu dir hinunter,« fuhr die Gnädige fort.

»Zu Befehl, gnädige Frau!« sagte Dementij.

»Und gib ihm eine ordentliche Tracht Ruten. Hier in der Wohnung geht es nicht, ich kann es nicht, ich bin nervös, das mußt du doch selbst begreifen, ich bin ja die Gnädige!«

Die Gnädige zeigte Erregung und Gereiztheit.

»Zu Befehl, gnädige Frau, Sie können unbesorgt sein!« sagte Dementij ehrerbietig.

»Du sollst ein Trinkgeld bekommen,« sagte die Gnädige und seufzte auf. »Untertänigsten Dank!« rief Dementij freudig aus. »Sie können unbesorgt sein, ich werde die Sache schon gut machen.«

Er nahm Mitja am Ellenbogen. Mitja stand ganz blaß da, zitterte und verstand nicht recht, was mit ihm vorging. Ihn packte plötzlich ein Grauen, als harre seiner etwas Unmögliches.

»Komm, Junge!« sagte Dementij.

Mitja stürzte zu der Gnädigen.

»Gnädige, Liebste, Täubchen, um Christi Willen, es ist nicht nötig!« stammelte er, sich bückend und die Gnädige mit Tränen in den Augen anblickend.

»Geh, geh!« sagte die Gnädige, ihn abwehrend. »Ich kann nicht, ich habe Nerven! Ich, die Gnädige, sorge für dich, und wie lohnst du es mir? Nein, das geht nicht, geh!«

Aksinja stand betrübt da, seufzte oft und tief, und ihre Augen hatten den Ausdruck eines Menschen, der für alle Ewigkeit jedes Glück und jede Hoffnung verloren hat. Darja blickte Mitja von der Seite an und lächelte tückisch und freudig. Mitja stürzte auf die Knie, verneigte sich vor der Gnädigen bis zur Erde, küßte ihre Schuhe, die, wie ihre ganze Person, einen zarten, süßen Duft hatten, und stammelte verzweifelte, zusammenhanglose Worte.

»Führt ihn fort, ich kann nicht!« rief die Gnädige aus, blieb aber in der Küche und zog ihre Füße nicht fort.

Sie konnte sich nicht erinnern, daß jemand vor ihr mit solcher Inbrunst gekniet hätte; und wenn es auch nur ein elender kleiner Junge war, sie hatte doch ihre Freude daran.

Aksinja und Dementij fielen erbittert über Mitja her und zogen ihn von der Gnädigen fort. Mitja schluchzte, flehte, wehrte sich, klammerte sich ans Fensterbrett und an die Türe, aber Dementij stieß ihn schnell auf die Treppe hinaus.

Mitja fühlte, daß es eine Schande sei, zu weinen und Widerstand zu leisten: fremde Menschen könnten es ja sehen und hören. Und er wandte sich an Dementij:

»Erzähl' es wenigstens niemand, Dementij!«

»Ist mir recht, warum sollte ich es erzählen?« antwortete Dementij lächelnd. »Zappele nur nicht, weißt wohl selbst, daß du dich ruhig zu verhalten hast. So machen wir es ohne Skandal, auf die vornehmste Manier!«

Mitja gab sich Mühe, die Tränen zurückzuhalten und einen gleichgültigen Ausdruck anzunehmen. Dementij hielt ihn am Ellenbogen fest.

»Lieber Dementij,« flüsterte Mitja, »geh hinter mir, ich komme selbst hin!«

»Wirst du mir auch nicht weglaufen?« fragte Dementij.

»Wohin soll ich weglaufen? Soll ich vielleicht ins Wasser gehen?« sagte Mitja verdrießlich. Dementij blickte ihn teilnahmsvoll an und schüttelte den Kopf.

»Lieber Freund,« sagte er, »du hättest es dir eben früher überlegen sollen!«

Er blieb etwas zurück, ließ aber Mitja nicht aus den Augen. Als Mitja über den Hof ging, blickten ihm Aksinja und Darja durch das Küchenfenster nach. Mitja hob die Augen und begegnete ihren starren, feindseligen Blicken. Er beschleunigte die Schritte. – Es ist gut, daß es so nahe ist, – sagte er sich zerstreut. Vom Treppenausgang an der Ecke sind es nur noch einige Schritte am Vorderhause entlang über den mit Steinfliesen belegten Weg, und dann ist schon gleich das Tor...

Der Eingang in die Hausmeisterwohnung war im Torweg. Als Mitja schon vor der schmalen Treppe, die hinunterführte, stand, erfaßte ihn plötzlich ein Grauen. Dort, hinter dieser Tür ... Wird er denn gutwillig hineingehen? Er taumelte zurück, geriet aber sogleich in Dementijs Tatzen.

»Wohin?« schrie ihn Dementij an.

Seine unter den rothaarigen, zusammengewachsenen, geraden Brauen starr hervorblickenden Augen hypnotisierten Mitja. Dementij packte ihn wie einen Sack und trug ihn die wenigen Stufen in seine Wohnung hinab.

Hier umfing ihn der säuerliche Geruch von Schafspelzen und Kohlsuppe aus dem riesengroßen Kochofen. Es war eng und schmutzig. Eine große Ziehharmonika prangte an sichtbarster Stelle. Der junge, kürzlich vom Lande zugezogene Hausmeistersgehilfe Wassilij stand am Fenster und zog seinen Rock aus. Mit seinem roten Hemd, seiner kräftigen Händen, roten Wangen, breiten Backenknochen und blöden Augen jagte er Mitja große Angst ein und erinnerte an einen Henker. Dementijs Frau machte sich mürrisch am Ofen zu schaffen und hielt auf dem Arm einen Säugling, der so unbeweglich und gelb wie eine Wachspuppe war und blaue Augen, so starr wie die seines Vaters, hatte. Dementij stellte Mitja auf den Fußboden. Mitja atmete schwer und sah sich erschrocken um. Der Keller mit der niedern Decke, dem Ziegelsteinfußboden, den kleinen Fenstern, dem riesigen Ofen und den rohen Gerüchen erschien Mitja als ein Loch, in dem böse Geister wohnten. Die Frau warf ihrem Mann einen traurigen Blick zu.

»Die Gnädige von Numero Fünf hat mir befohlen, den Jungen durchzuprügeln,« sagte Dementij.

Wassilij schien erfreut und zeigte seine kräftigen weißen Zähne.

»Wirklich? Diesen da? Den Langnasigen?« fragte er. »Ja, diesen,« bestätigte Dementij.

»Hat er was angestellt?« fragte die Frau neugierig.

Sie wurde auf einmal lustig und bekam rote Wangen. Ihre Augen glänzten. Sie kam dicht an Mitja heran, so daß er ihren heißen Atem spürte, und fragte freudig:

»Was hast du denn angestellt, Junge?«

Mitja schwieg. Das Mitleid mit sich selbst stach ihn plötzlich ins Herz.

»Wird es schon irgendwie verdient haben,« antwortete Dementij mürrisch an seiner statt.

»Nun, wir können dem Jungen das Vergnügen machen!« sagte Wassilij lachend.

»Setz dich mal auf die Bank,« wandte sich Dementij an Mitja, »und wart eine Weile.«

Mitja setzte sich verlegen auf die Bank. Er mußte sich furchtbar schämen. Um ihn herum sprach man etwas und hantierte mit Besen und raschelnden Ruten. Die Hausmeisterin setzte sich auf die Bank neben Mitja und blickte ihm kichernd ins Gesicht. Mitja hatte den Kopf tief gesenkt und nestelte mit zitternden Fingern an den Knöpfen seiner Bluse. Er fühlte, daß er über und über rot war, seine Augen brannten, ein blutroter Nebel verdeckte alles vor seinen Blicken, und in den Adern an seinem Halse pochte es schmerzvoll.

Dementij ging auf Mitja zu...

XVIII.

Aksinja empfing Mitja in der Küche mit rohem Lachen und Schimpfworten.

»Habe die Ehre zu gratulieren,« sagte sie boshaft, »zum neuen Bade, wohl bekomm's! Ach, du langnasiges Vieh! Bist ganz deinem versoffenen Vater nachgeraten. Ich meine, ich hab schon mich mit dem einen genug plagen müssen, da hab ich aber noch einen zweiten Schatz auf dem Halse sitzen!«

Ihr böses Gesicht war schrecklich anzuschauen. Da kam auch Darja in die Küche, um über Mitja zu lachen und ihn zu necken.

»Gratuliere, Euer Gnaden! Eine große Ehre ist Ihnen widerfahren. Narr, was stehst du so da? Fürchtest du, daß dir der Kopf abfallen kann? Warum verbeugst du dich nicht vor der Mutter?«

Mitja hatte wieder Kopfweh, alles um ihn herum war dunkel und drehte sich im Kreise.

»Verbeuge dich, du Klotz!« schrie Aksinja wütend, mit den Fäusten auf den Sohn losstürzend.

Mitja verbeugte sich schnell vor der Mutter, berührte mit der Stirne den Boden und begann vor Schmerz leise zu wimmern.

Dann führte man ihn zur Gnädigen. Sie saß im Salon auf dem Sofa und legte eine Patience. Die Mutter zwang ihn, sich auch vor der Gnädigen bis zu Boden zu verbeugen, aber die Gnädige sagte, daß es nicht nötig sei, und hielt ihm eine lange Predigt.

Die lustigen, rotbackigen Kinder der Gnädigen kamen herbeigelaufen. Sie wußten schon, was Mitja eben erlebt hatte. Das Fräulein glaubte, daß er sich daraus nichts mache. Als sie aber merkte, daß er weinte und so unglücklich wie ein gehetztes Tier aussah, hörte sie zu lächeln auf und blickte ihn voller Mitgefühl an. Er tat ihr leid.

»Ganz recht ist's ihm geschehen,« sagte Otja streng, »dem verprügelten Bauernlümmel!«
Lydia wurde böse.

»Du bist schlecht und dumm!« sagte sie dem Bruder.

Er zeigte ihr beide Fäuste und fing an, Mitja leise zu necken: »Insekt! Birkenrute! Gesindel!«

Da das gnädige Fräulein mit Mitja Mitleid hatte, zwang ihn die Mutter, auch dem Fräulein die Hand zu küssen. Lydia war zufrieden: – Wie gut bin ich doch: selbst mit dem gemeinen Sohn der Köchin habe ich Mitleid! –

»Ihr Verfluchten, Verfluchten!« wiederholte Mitja vor sich hin: »Niemals werde ich mit euch sein, nichts werde ich nach eurem Willen tun!«

XIX.

Es dämmerte. Mitja saß auf seinem gewohnten Platz am Fenster, blickte in das aufgeschlagene Lehrbuch und sah keine Zeile. Er hatte fürchterliches Kopfweh, und alles drehte sich um ihn im Kreise. Die Gegenstände tauchten wie Gespenster auf und verschwanden gleich wieder. Alles schien zu schwanken und das Gleichgewicht verloren zu haben, und so oft sich der rote Kattunvorhang vor dem Bette seiner Mutter rührte, glaubte Mitja, daß alles gleich zusammenstürzen und untergehen würde. Antlitzlose Ungeheuer schwebten über seinem Kopfe, verhöhnten ihn, und ihre Stimmen dröhnten. Mitja vergoß bittere Tränen.

Plötzlich hörte er den leisen Ruf:

»Mitja!«

Er hob die Augen, – Raja stand vor ihm, weiß, licht und feierlich. Die Diamanten in ihrer Krone funkelten in wunderbaren Farben, sie trug einen langen Purpurmantel, Smaragde und Rubine brannten in ihrem Geschmeide. Ein heller Strahl leuchtete in Rajas Hand. Ihr blasses Gesicht war feierlich, ruhig und licht. Rajas zarter Atem füllte die Luft mit unsagbarer Süße. Raja stand ganz nahe vor ihm und berührte beinahe seine Knie. Wunderbare Worte kamen leise von ihren blassen Lippen. Sie sprach von dem neuen Himmel, der sich hinter dem schrecklichen, vermodernden Himmel ausbreitete.

Mitja erhob sich und berührte mit den Lippen ihre Stirne über den Augen.

Raja wich zurück. Mitja machte einen Schritt auf sie zu, stieß aber mit dem Bein gegen den Koffer.

Wie eng es doch hier ist! Welch ein armseliges Leben!...

Und Mitja begriff, daß Raja nicht mit ihm sei und niemals mit ihm sein würde...

XX.

Der nächste Tag war irgendein Feiertag. Mitja sang in der Kirche.

Die Chorknaben drängten sich, der mürrische Diakon ging auf und ab, blaue Weihrauchwolken schwammen durch die Luft. Raja schwebte am Altar vorbei, und ihre Augen leuchteten. Die Heiligenbilder blickten streng. Das Morgenlicht fiel durch die breiten und hohen Fenster ein und blendete die Augen. Auf dem Steinboden klapperten Stiefelabsätze und scharrten Sohlen.

Mitja fühlte sein Kopfweh immer stärker werden.

Rajas Gewänder flatterten, von einem überirdischen Hauche bewegt. Leichte durchsichtige Flügel zitterten an ihren Schultern. Sie strahlte wie das Abendrot. Ihre aufgesteckten Haare leuchteten wie Feuer. Und sie sagte zärtlich:

»Es dauert nicht mehr lange!«

Sie breitete ihre Flügel aus und schwebte leise an Mitja heran. Mitja erwartete sie, sie schmiegte sich an ihn und trat in ihn ein. Sein Herz brannte...

Aus der unnötigen, engen und schrecklichen Welt klangen Kirchengesänge. Mitja sang, und seine Stimme kam ihm selbst fremd vor. Die Töne schwebten zur Kuppel empor und weckten dort einen Widerhall.

Die Menschen bewegten sich über die Steinfliesen wie Gespenster. Die Gnädige stand im Chor. Sie war spät zur Kirche gekommen; sie hatte absichtlich diese Kirche gewählt, um festzustellen, ob Mitja von der Messe auch wirklich nach Hause ginge. Sie war stolz darauf, daß sie sich so großmütig dieses Jungen annahm, und wandte von ihm nicht ihren strengen, stumpfen Blick. Mitja dachte, daß er auch heute nicht zu Dunja gehen können werde. Er hatte solche Angst: vielleicht wird man Dunja inzwischen vom Dachboden vertreiben oder zugrunde richten, so daß er sie nie wieder zu sehen bekommt.

– Wie schlecht ist doch die Gnädige! – dachte er. – Alle sind schlecht! –

Alle Dinge blickten so finster und drohend drein...

Vom Altar her nahte wie ein Himmelsbote Raja. Ihre wunderbaren Flügel zitterten und leuchteten, ihre Blicke glühten, und Mitja schien es wieder, daß sie sich an ihn schmiegte und in ihn einträte, und sein Herz flammte...

Die Kette des Weihrauchfasses klirrte, und der Rauch stieg duftend und blau hinauf...

XXI.

Während der großen Pause stand Mitja traurig in der Türe des Turnsaals. Wolken zogen an der Sonne vorbei, und der Himmel trübte sich. Mitja hatte den ganzen Morgen Kopfweh gehabt, und das Gedränge und der Lärm vergrößerten es noch.

Der rotbackige Karganow ging auf Mitja zu und klopfte ihn auf die Schulter wie ein Erwachsener, obwohl er um einen halben Kopf kleiner als Mitja war. »Was bist du so traurig, Bruder, was läßt du den Kopf hängen?« fragte er lächelnd, wobei sich seine Mundwinkel häßlich senkten und die Zähne gierig grinsten. »Man hat dich wohl durchgeprügelt? Macht nichts, bis zur Hochzeit wird es schon wieder gut werden! Neulich hat mir mein Vater auch ordentlich eingeheizt, aber ich mache mir Nichts draus!«

Mitja sah Karganow aufmerksam an. Auf seinen roten Backen glaubte er blaue Spuren der väterlichen Ohrfeigen zu sehen. Beim Anblick dieser roten Backen, der eckigen, vollen Lippen und der frechen, aber unruhigen, gleichsam eingeschüchterten Augen stellte sich Mitja vor, wie jämmerlich Karganow wohl geschluchzt habe, als der Vater ihn schlug. Mitja fühlte Mitleid mit Karganow und wollte ihn trösten.

»Ich will dir etwas erzählen, – wirst du es auch nicht ausplaudern?« fragte Mitja leise.

Karganow bohrte in ihn förmlich seine gierigen Blicke und beteuerte:

»Warum soll ich es ausplaudern?! Hab' nur keine Angst und erzähle!«

Sie setzten sich nebeneinander auf eine Bank. Mitja erzählte im Flüsterton, wie man ihn bestraft hatte. Karganow hörte teilnahmsvoll zu.

»So, so, beim Hausmeister, – das ist ja wirklich vornehm!« sagte er dann und lachte.

Als Karganow gegangen war, verdroß es Mitja plötzlich, daß er sich verplaudert hatte. Es fiel ihm ein, daß Karganow gar nicht imstande sei, die Sache für sich zu behalten, und sie der ganzen Schule ausplaudern werde. Er ahnte schon, daß man ihn bald damit necken würde.

So kam es auch. Karganow ging bald auf den einen, bald auf den andern zu und teilte allen mit freudigem Lachen mit:

»Den Darmostuk hat man vorgestern beim Hausmeister durchgewichst!«

»Nein, wirklich?« fragten alle gespannt.

»Bei Gott, er hat es selbst erzählt!« bekräftigte Karganow.

Die Jungen freuten sich, alle Gesichter wurden lebhaft, und die Kleinen wie die Großen berichteten es denen, die es noch nicht wußten:

»Hast du es schon gehört? Man hat den Darmostuk beim Hausmeister durchgewichst!«

Die Neuigkeit verbreitete sich rasch unter den Schülern. Die Jungen schnallten ihre Gürtel fester zusammen und schrien:

»Gehen wir den Darmostuk necken!«

Freudig erregt, triumphierend und lärmend liefen sie zu Mitja und drängten sich um ihn. Der zarte Duschizin blickte mit seinen freundlichen grauen Augen zu Mitja empor, stemmte die Hände in die Knie, lächelte sanft und sprach mit feiner Stimme rohe, unflätige Worte, lauter verschiedene, als wüßte er eine unerschöpfliche Menge unanständiger Redensarten, die sich auf Ruten beziehen.

Die Jungen drängten sich mit geröteten, von aufrichtiger Freude belebten Gesichtern um Mitja und durchbohrten ihn mit erbarmungslosen Blicken. Einige Schüler tanzten vor Freude; andere hatten sich paarweise an den Händen gefaßt, liefen um den Rudel, der sich um Mitja gebildet hatte, herum und schrien:

»Beim Hausmeister! Das ist ein Spaß!«

Mitja warf sich ungestüm nach allen Seiten. Er schwieg, hielt die Augen gesenkt und lächelte wie schuldbeladen. Die kleinen Taugenichtse umdrängten ihn von allen Seiten. Als Mitja sah, daß er aus ihrem Ringe nicht mehr heraus konnte, gab er alle Versuche, sich zu befreien, auf und stand blaß, fassungslos, mit gesenkten Augen da. Er sah wie ein Verbrecher aus, den man dem Pöbel zur Verhöhnung preisgegeben hat. Das Entzücken erreichte schließlich eine solche Höhe, daß jemand ausrief:

»Hurra! Darmostuk, hurra!«

Und alle Jungen schrien mit hellen, lauten Stimmen:

»Hurra! Hurra-a-a!«

Durch das ganze Schulgebäude und auf die Straße hinaus drang der Widerhall der lustigen kindlichen Schreie. Aus dem Lehrerzimmer stürzte Konopatin heraus. Einige Schüler liefen ihm entgegen und meldeten, einander überschreiend:

»Den Darmostuk hat man beim Hausmeister durchgewichst! Alle necken ihn, und er steht wie ein Uhu da und zwinkert mit den Augen!«

Das aufgedunsene Gesicht des Lehrers erstrahlte vor Freude. Ein breites Lächeln spielte auf seinen sinnlichen Lippen.

»Herrgott nocheinmal!« rief er mit lachender Stimme: »Wo ist er denn? Zeigt ihn mir!«

Die Schüler führten den Konopatin zu der Schar, die sich um Mitja drängte. Man machte ihm Platz. Konopatin faßte Mitja, selig lächelnd, bei der Schulter und führte ihn ins Lehrerzimmer. Der ganze Rudel lief ihm nach. Die Jungen wagten nicht mehr, so laut zu schreien, und neckten Mitja mit gedämpften Stimmen, lustig und rot vor Erregung.

Die Lehrer freuten sich fast ebenso wie die Schüler und verhöhnten ihn ihrerseits...

XXII.

Mitja ging am nächsten Tage zur gewohnten Stunde mit den Schulbüchern aus dem Hause und irrte den ganzen Tag langsam und müde durch die Straßen. Alles erschien ihm trüb und schrecklich. Das immer anwachsende Kopfweh ließ ihn in einem schweren Selbstvergessen versinken.

Später als sonst, kurz vor Sonnenuntergang kam er zu den Wlassows. Erst als er oben war und über den hohen Balken hinüberschritt, merkte er, wie seine Füße vor Müdigkeit schmerzten und wie sehr er sich nach einem Stuhl oder einer Bank sehnte.

Die Wlassows waren in freudiger Erregung: die Alte hatte eine Stelle gefunden, und sie waren nun mit dem Zusammenpacken ihrer Habseligkeiten beschäftigt. Den beiden zitterten vor Freude die Hände, und sie lächelten schüchtern, als trauten sie noch ihrem Glücke nicht.

Mitjas Herz wurde vor Schreck kalt. Sie sagten ihm etwas, er konnte aber ihre Worte weder begreifen, noch in Zusammenhang bringen. Er glaubte, daß man sie vom Dachboden fortjagen wollte. Warum lächeln sie dann wie verrückt, wenn sie auf die Straße, auf die harten Steine gehen müssen?

Dunja tat es um den Dachboden leid. Sie sagte leise:

»Den ganzen Sommer haben wir hier verlebt und waren immer allein. Wir hatten zwar oft nichts zu essen, dafür waren wir aber allein. Wie wird es uns jetzt wohl ergehen, wo wir unter Menschen leben müssen?!«

Das Mitleid schnitt Mitja so schmerzvoll ins Herz, daß er zu weinen anfing. Dunja tröstete ihn:

»Weine nicht, Lieber, so Gott will, werden wir uns noch wiedersehen. Besuche uns, wenn man dich läßt. Warum weinst du, dummer Junge?«

Sie schrieb mit einem Bleistift ihre Adresse auf ein Stück Papier und gab es Mitja. Mitja nahm das Papier und drehte es verständnislos in den Händen. Der Kopf tat ihm so furchtbar weh, daß er nichts begreifen konnte. Dunja sagte mit freundlichem Lächeln:

»Steck es doch in die Tasche, sonst verlierst du es noch!«

Mitja tat den Zettel in die Tasche und vergaß ihn sofort…

Er kam spät nach Hause. Die Mutter saß auf einem Schemel mitten in der Küche, finster und traurig, weinte und wischte sich die Augen mit der Schürze. Sie erschien Mitja so furchtbar häßlich und grauenhaft. Sie fing an, zu fluchen und ihn zu schlagen. Mitja wußte nicht wofür. Er schwieg hartnäckig.

Die kleine Lampe brannte trüb. Es roch nach Dunst und Petroleum. Auch die Gnädige kam in die Küche, um ihn anzuschreien und zu verhöhnen. Ihr Geschrei klang ihm in den Ohren, wie wenn schwere Hämmer auf seinen Kopf schlügen. Die Kinder blickten zur Türe herein. Otja schnitt Fratzen und neckte ihn. Darja redete ihm gedehnt ins Gewissen. Schatten huschten über die Wände, die Wände schienen zu wanken, die Zimmerdecke sich zu senken. Es war wie in einem Fiebertraum.

»Wieso und wozu soll noch die Welt bestehen,« dachte sich Mitja, »wenn Dunja zugrunde geht?!«

XXIII.

Am nächsten Morgen führte ihn die Mutter selbst zur Schule. Unterwegs weinte sie, schimpfte und traktierte Mitja mit Püffen. Mitja ging daher gebückt und stolperte in einemfort. Er sah fast nichts von den Dingen, die ihn umgaben, und empfand nichts außer dem unerträglichen Kopfweh. Die Augenblicke, wo sein Bewußtsein erwachte, waren qualvoll, und es zog seinen Kopf immer zu den harten Steinen nieder, um den grausamen Kopfschmerz zu zerschmettern.

In der Schule nahm er das Höhnen der Kameraden und Lehrer mit stumpfer Gleichgültigkeit hin. Er war ebenso finster wie der düstere, regnerische Tag. Er witterte irgendein Unheil. Ab und zu dachte er traurig an Dunja. Er hatte schon vergessen, daß sie vom Dachboden fortgezogen war, und fürchtete, daß sie dort vor Hunger und Kälte sterben würde.

Eine Stunde vor Unterrichtsschluß, in der großen Pause lief Mitja unbemerkt fort. Seine Bücher ließ er in der Schule zurück. Ein kaum bewußtes Verlangen, den Verfolgungen und der Suche zu entrinnen, trieb ihn in die Straßen, die von der Schule am entlegensten waren. Unermüdlich und ruhelos irrte er dort umher. Er ging in Höfe und Gärten hinein, verirrte sich in eine Kirche, wo gerade die Abendmesse gelesen wurde, lief einem Leierkastenmann nach, sah exerzierenden Soldaten zu und ließ sich mit Hausmeistern und Schutzmännern in Gespräche ein. Und er vergaß schon im nächsten Augenblick alles, was er eben erst getan hatte.

Ab und zu regnete es wie aus einem feinen Sieb. Von den Bäumen fielen nasse, gelbe Blätter herab.

Das Fieber hatte nun die ganze Natur ergriffen, alles war gespenstisch und vergänglich, die Gegenstände erstanden plötzlich vor den Blicken und starben ebenso plötzlich hin. Rajas Blick leuchtete manchmal auf und erlosch gleich wieder...

Mitja kam schließlich ins Haus, wo die Wlassows gewohnt hatten. Auf dem Dachboden ergriff ihn plötzlich Entsetzen: die Türe war abgeschlossen. Mitja blieb auf der letzten Stufe stehen und starrte verzweifelt auf das Schloß. Dann fing er an, mit den Fäusten auf die Türe zu hämmern. In diesem Augenblick kam aus der Wohnung im oberen Stock der Hausmeister, ein mürrischer schwarzbärtiger Kerl mit trägen Bewegungen.

»Was suchst du hier?« fragte er Mitja, ihn argwöhnisch musternd. »Was hast du auf einer fremden Treppe zu schaffen?«

»Hier haben die Wlassows gewohnt,« sagte Mitja schüchtern. »Ich bin zu den Wlassows gekommen.«

»Niemand hat hier gewohnt!« entgegnete der Hausmeister. »Man kann hier gar nicht wohnen: hier ist der Dachboden.«

Mitja begann hinabzusteigen, sich mit den Händen ungeschickt am leichten Eisengeländer festhaltend. Der Hausmeister blickte ihm, auf dem Treppenabsatz stehend, unverwandt nach und brummte etwas vor sich hin. Mitja tat es weh, den stechenden Blick erst auf seinem Gesicht und dann auf seinem Rücken zu fühlen.

Mitja wollte nicht glauben, daß die Wlassows nicht mehr da seien. »Wo sollen sie hinkommen seien?« fragte er sich. »Sie sind wohl auf dem Dachboden umgekommen. Die bösen Geister haben sie totgequält. Dieser Schwarze hat das Schloß aufgehängt und bewacht sie.«

Als Mitja wieder durch die Straßen ging, sah er den Dachboden ganz deutlich vor Augen. Er glaubte ein leises Röcheln zu hören. Und er sah Dunja und ihre Mutter auf ihren gewohnten Plätzen sitzen. Dunja, war ausgehungert und halb erfroren, und ihre Mutter saß ihr gegenüber, das tote, blinde Gesicht in den Nacken geworfen, die geballten Fäuste vorgestreckt und beide starben langsam hin und erstarrten...

Nun sind sie schon tot. Unbeweglich und kalt sitzen sie einander gegenüber. Der Wind aus der Dachluke umweht die gelbe Stirn der Alten und bewegt die grauen, feinen Härchen, die unter dem Kopftuche hervorgucken.

Mitja fing zu weinen an. Langsam und kalt flossen seine Tränen dahin. Nun begann ihn auch noch der Hunger zu quälen.

XXIV.

Mitja stand am Ufer des schmalen, trüben Flusses, stützte sich mit den Ellenbogen auf das hölzerne Geländer und starrte mit gleichgültigen Augen vor sich hin. Eine ihm wohlbekannte Gestalt zog plötzlich seine Blicke auf sich. Er sah in der Ferne, jenseits des Flusses, seine Mutter gehen. Sie war aus der Nebengasse gekommen und ging auf die Brücke zu. Sie mußte gleich an ihm vorbeikommen. Als Mitja nicht nach Hause gekommen war, war sie in ihrer Angst in die Schule gelaufen. Man hatte ihr dort gesagt, daß er noch vor Unterrichtsschluß weggelaufen sei. Sie suchte ihn dann bei allen ihren Bekannten.

Mitja lief auf die andere Straßenseite hinüber und versteckte sich vor der Mutter in einem Torweg. Er drückte die Augen an eine Spalte im hölzernen Tor und wartete stumpf. Die Mutter ging vorüber. Sie hatte eine alte Jacke an und war in ein großes graues Tuch gehüllt. Ihr runzliges Gesicht, das sie halb zur Erde neigte, war unbeweglich und bekümmert...

Mitja fühlte schmerzliches Mitleid mit der Mutter. Was sollte er aber tun, als sich vor ihr verstecken?

Sie ging schnell und blickte starr und finster vor sich hin. Mitja kam aus seinem Versteck heraus, blickte der Mutter nach und lächelte blöde. Sie wandte sich nicht um und ging in die Ferne, die hinter dem Regenschleier wie im Dunste lag. Als sie im fernen feuchten Nebel verschwunden war, hörte Mitja auf, an sie zu denken, und vergaß sie gänzlich. Nur sein Herz brannte noch vor Mitleid.

Wieder bemächtigten sich seiner traurige Gedanken. Dort, wo es früher so friedlich und so still war und wo es jetzt so finster und kalt ist, sitzen sie tot einander gegenüber. Dunja hat die Hände im Schoß gefaltet und schaut aus weißen, blinden Augen. Die dünnen Lider können ihre Augen nicht mehr bedecken; so furchtbar ist sie abgemagert. Sie ist tot. Das Lämpchen vor dem Heiligenbilde brennt nicht mehr. Stille, Kälte und Finsternis herrschen auf dem Dachboden.

XXV.

Mitja verbrachte die ganze Nacht auf den menschenleeren Straßen. Hie und da sah er einen Hausmeister in einem Torweg schlafen oder einen Kutscher auf dem Bock duseln. Anfangs brannten die Laternen. Dann kam der Laternenmann und löschte sie aus. Es wurde auf einmal so dunkel und schrecklich. Es gab keine Zuflucht mehr, um sich vor dem Leben, dem Regen, der Kälte und der großen Müdigkeit zu retten. Von den Straßen zweigten hoffnungslose Sackgassen ab, aus denen man schwer herauskommen konnte. Mitja ging auf alle Tore und Türen zu und versuchte vorsichtig, sie zu öffnen. Vergebens – die Menschen halten alles verschlossen. In der Stadt, wo weder Tiger noch Schlangen lauerten, fürchteten die Menschen, sich schlafen zu legen, ohne zuvor alles gegen ihre Mitmenschen abgesperrt zu haben.

Es regnete. Bald war es ein feiner Sprühregen, und bald goß es in Strömen. Mitja schützte sich vor dem Regen unter Dachvorsprüngen und in Hauseingängen. Ab und zu hielten ihn Menschen an und fragten ihn erstaunt, was er um diese Zeit herumirre, und er antwortete, fast unbewußt, doch mit passenden Worten. Und man schenkte ihm Glauben, weil er log.

Vor einem Hauseingang, in dem Mitja stand, hielt eine Droschke, der ein Herr und eine Dame entstiegen. Sie läuteten an der Türe, und der Portier ließ sie ein. Der Portier war jung und neugierig. Er fragte gähnend:

»Was stehst du hier, Junge?«

»Ich warte den Regen ab,« antwortete Mitja, ohne ihn anzublicken.

»Wo willst du denn hin?«

»Man hat mich nach einer Hebamme geschickt.«

»Wenn man dich nach einer Hebamme geschickt hat, so lauf doch schneller hin, du Dummkopf!« sagte der Portier besorgt. »So eine Sache leidet keinen Aufschub!«

»Ich geh ja schon zurück,« sagte Mitja ruhig.

»Und wo ist die Hebamme?« fragte der Portier erstaunt.

»Sie ist mit einer Droschke hingefahren.«

»Und hat dich nicht mitgenommen?«

»Nein, sie hat mich nicht mitgenommen.«

»Ist das eine dumme Hebamme!« sagte der Portier sehr entschieden. »Das will auch eine Hebamme sein!«

»Sie setzte sich selbst in die Droschke,« berichtete Mitja, »und sagte mir: du kannst auch zu Fuß hinlaufen.«

»Hat sie es denn in der Droschke zu eng gehabt?«

»Ja, sie hat es wohl zu eng gehabt.«

»Du willst wohl schlafen, Junge?« fragte der Portier teilnahmsvoll und gähnte mit Behagen.

»Ich komme bald ins Bett,« sagte Mitja lächelnd.

Mitja lief durch den Regen, über die Pfützen hinüberspringend, weiter. Er zitterte vor Kälte und Müdigkeit...

XXVI.

Bei Morgengrauen zerstreuten sich die Wolken. Die Sonne ging langsam hinter dem fernen blauen Walde jenseits des Snow auf. Es war still. Über dem Flusse schwebte der Nebel. Die Vorstädte hinter dem Flusse ruhten zart und stumm in goldigen und veilchenblauen Träumen.

Mitja stand müde und bleich am Flusse, mit den Händen auf das Geländer gestützt, und freute sich, daß die Nacht vorbei war, daß die Sonne aufging und daß vom Flusse Frische und Nebel aufstiegen. Die Nacht und alles, was in der Nacht war, hatte der müde Knabe schon vergessen. Er freute sich und lächelte und war voll Liebe zu den unbekannten guten Menschen erfüllt, die dort hinter dem Flusse in goldenen veilchenblauen Träumen wohnten. Er fühlte Kälte und eine süße Ermattung, und das Wasser, die Sonne, der helle Himmel und der weite Horizont weckten in ihm ein Gefühl von Frische und Rüstigkeit...

Irgendwo in der Ferne rollten Räder über die Steine. Das Dröhnen weckte all das Dunkle, das in seinem Bewußtsein war, und zugleich heftiges Kopfweh. Böse Erinnerungen stiegen als beklemmender Nebel von den kalten und feuchten Steinen auf. Mitja zitterte.

– Ich muß doch das Tor finden, – dachte er sich, – die Treppe und das Fenster, wo Raja war! Warum ist Raja nicht da? – Warum bin ich allein auf den harten Steinen?

Mit verzweifeltem und bleichem Gesicht lief er durch die Straßen, und sie starben hinter ihm hin. Große Schweißtropfen liefen ihm über das kalte Gesicht, sein Herz glühte und pochte vom raschen Laufen, und das weckte einen qualvollen Widerhall in seinem Kopfe. Die Steinplatten hallten laut unter seinen Schritten nach.

Endlich blieb er erschöpft stehen und lehnte sich mit der Schulter an einen Laternenpfahl. Im ersten Augenblick erkannte er die Gegend nicht wieder. Und als er sie erkannte, wurde er so froh.

Das ist ja derselbe Durchgangshof. Ein verschlafener junger Hausmeistergehilfe, öffnet mit den Schlüsseln rasselnd, das Haustor, tritt auf die Straße, stellt sich mit den Rücken gegen das Haus und blickt laut gähnend und mit den Augen blinzelnd, in die Sonne. – Mitja schlich sich vorsichtig in den Hof.

Da ist endlich Rajas Treppe. Raja steht auf der Treppe und erwartet ihn. Von plötzlicher Freude ergriffen, ging Mitja die Treppe hinauf. Das Halbdunkel der Küchentreppe wurde von oben durch den Abglanz von Rajas lichten Gewändern erhellt. Raja ging langsam vor Mitja her. Auf ihren weißen Gewändern blühten rote Rosen, und ihre Zöpfe flossen als leichte flammende Wellen hinab. Sie wandte sich nicht um, sie ging voraus, und wenn die Treppe eine Biegung machte, konnte Mitja ihr gesenktes Antlitz sehen. Ihr herrliches Antlitz ergoß in das Halbdunkel ein geheimnisvolles, zartes Licht, und ihre Augen strahlten in diesem Lichte wie zwei abendliche Gestirne. Die Rosen fielen erglühend von ihren Gewändern herab, und Mitja schritt andächtig zwischen ihnen durch. Die Rosen stammten um seinen Kopf, und ein unvergängliches Feuer verzehrte sein Gehirn...

...Der bleiche, müde Junge stieg, ängstlich um sich schauend, die Küchentreppe hinauf, an den geschlossenen Türen vorbei. Sein Gesicht drückte Verzweiflung und tödliche Müdigkeit aus, seine Blicke irrten herum und vermochten wohl die Gegenstände nicht zu unterscheiden. Seine Brust hob und senkte sich schwer und ungleichmäßig. Er wankte, stolperte hie und da und suchte sich hilflos und ungeschickt an den vor Feuchtigkeit schlüpfrigen Wänden festzuhalten. Aber aus der Ermattung erblühten in seinem verdunkelten Bewußtsein wunderbare Träume...

...Ein schrecklicher Lärm stieg zugleich mit Mitja hinauf. Er glaubte das Flüstern und Lachen vieler laufender Menschen unten auf der Treppe zu hören: wütende Lehrer und Schüler verfolgten ihn. Sie schrien entsetzlich, schnitten Fratzen, zeigten ihre spitzen Zungen und streckten ihre roten, häßlichen Hände nach ihm aus. Von Grauen gepackt, versuchte er ihnen zu entfliehen. Seine Füße wurden schwer. Als sie ihn schon einholten und Mitja ihren bösen menschlichen Atem hinter sich spürte, blieb Raja plötzlich stehen. Sie flammte lichterloh auf und sagte:

»Fürchte dich nicht!«

Ihre Stimme drohte der Welt wie ein Donner, und dieser Donner war unter schrecklichem Schmerz und grenzenlosem Entzücken gleichsam in Mitjas Kopfe geboren. Raja nahm ihn bei der Hand und geleitete ihn durch eine enge Pforte auf einen lichten Weg, wo wunderbare Rosen blühten...

...Der blasse Junge kletterte mit großer Mühe auf das Fensterbrett im dritten Stock. Das Fenster stand offen. Er klammerte sich mit den Händen an das Fensterkreuz, wandte das Gesicht der Treppe und den Rücken dem Hofe zu und begann hinauszusteigen. Seine Füße fanden auf dem schmalen Fensterblech keinen Halt und glitten aus. Von einem plötzlichen, letzten Grauen erfaßt, machte er den vergeblichen Versuch, sich am Fensterkreuz festzuhalten. Als er aber zu stürzen anfing, fühlte er gleich eine Erleichterung. Ein schnell anwachsendes süßes, schwindelndes Gefühl unter dem Herzen löschte sein Bewußtsein, noch ehe er die Steine berührte. Im Stürzen schrie er:

»Mutter!«

Seine Kehle war plötzlich wie zusammengeschnürt, der Aufschrei klang kurz, schwach und schneidend und gleich darauf erscholl auf dem leeren, stummen Hofe leise, doch deutlich das Krachen von Mitjas auf den Steinen zerschellenden Knochen.

In der Menge

I.

Die altberühmte Stadt Mstislawl feierte das siebenhundertjährige Jubiläum ihres Bestehens.

Mstislawl war ein reiches Industrie- und Handelszentrum. In der Stadt selbst und in ihrer Umgebung gab es viele Fabriken und Werke, von denen manche in ganz Rußland berühmt waren. Die Bevölkerung wuchs mächtig an und erreichte in den letzten Jahren eine respektable Ziffer. Außer einer starken Garnison beherbergte die Stadt eine Menge Arbeiter, Handelsleute und Beamten, Studenten und Literaten.

Die Stadtverordneten wollten die Feier möglichst glanzvoll gestalten. Sie versandten Einladungen an die höchsten Behörden, an die Stadtvertretungen von Paris und London, ebenso an die von Tschuchloma und Mjedyn und einige andere außergewöhnliche Städte.

»Wissen Sie, wir wollen keine zu bunte Gesellschaft haben,« erklärte der Bürgermeister, ein junger Mann, der vom Kaufmannsstande abstammte, doch europäische Bildung genossen hatte und durch seine feinen Umgangsformen berühmt war.

Nachträglich erinnerte man sich noch, daß man auch die Stadtvertretungen von Moskau und Wien hätte einladen sollen. Man schickte auch diesen beiden Städten Einladungen, aber viel zu spät: als bis zum Feste nur noch vierzehn Tage blieben.

Die Literaten und Studenten warfen dem Bürgermeister sträfliche Vergeßlichkeit vor. Der Bürgermeister rechtfertigte sich verlegen:

»Ich bin vor lauter Arbeit ganz wirr geworden. Sie glauben gar nicht, wieviel es zu tun gibt. Ich nächtige fast nie mehr zu Hause: eine Kommissionssitzung nach der andern.«

Moskau nahm die Verspätung nicht übel: – wir sind ja in der Familie! – und beeilte sich eine Deputation mit einer Glückwunschadresse zu schicken. Das lustige Wien beschränkte sich aber auf eine Ansichtskarte. Die künstlerisch ausgeführte Karte stellte einen nackten Jungen im Zylinder dar, der rittlings auf einem Bierfasse saß und ein Seidel in der erhobenen Hand hielt. Das Bier schäumte üppig, und der Junge lächelte lustig und schelmisch. Er war wohlgenährt und rotbackig, und die Stadtverordneten konstatierten, daß das lustige, gutmütige deutsche Lächeln der Feier durchaus angemessen war. Auch die Zeichnung wurde als sehr stilvoll befunden. In der Beurteilung des Stils gingen aber die Meinungen auseinander: die einen nannten ihn »Sezession« die andern »Rokoko«.

In der ungepflasterten, staubigen, schmutzigen und finstern Stadt, wo es zahllose verwahrloste Gassenjungen und fast keine Schulen gab; wo arme Frauen oft mitten auf der Straße niederkommen mußten; wo man die Mauern der berühmten historischen Festung niederriß, um Ziegelsteine für neue Bauten zu gewinnen; wo nachts im Stadtzentrum das wüsteste Gesindel tobte, während die Wohnungen in den entlegneren Straßen unter der Nase der schlafenden Nachtwächter ausgeraubt wurden, – in dieser halbwilden Stadt veranstaltete man nun für die von überall herbeiströmenden Ehrengäste und Behördenvertreter prunkvolle Festlichkeiten und Bankette, die ebenso sinnlos wie überflüssig waren und all das Geld verschlangen, für das man Schulen und Krankenhäuser hätte errichten können.

Auch für das gemeine Volk, – so muß es ja einmal sein! – wurden Feierlichkeiten vorbereitet. Diese sollten auf der städtischen Viehweide, in der Gegend, die aus irgendeinem Grunde »Brandwiese« hieß, abgehalten werden. Man baute mehrere Bretterbuden: – die eine fürs Volkstheater, die andere für Ausstattungsstücke, die dritte für Zirkusvorstellungen; man stellte Schiffsschaukeln und Rutschbahnen auf und errichtete Masten fürs Preisklettern. Dem alten Hanswurst, der das Volk belustigen sollte, kaufte man einen Flachsbart, der sogar teurer als einer aus Seide zu stehen kam: so kunstvoll war er gearbeitet.

Für das Volk wurden auch Geschenke vorbereitet. Ein jeder sollte einen mit dem Stadtwappen geschmückten Blechbecher und eine Portion Pfefferkuchen und Nüsse, in ein Schnupftuch mit Ansicht der Stadt Mstislawl eingewickelt, bekommen. Solche Blechbecher und Schnupftücher mit Lebkuchen und Nüssen wurden für viele Tausende Rubel angeschafft. Man bereitete die Geschenke so rechtzeitig vor, daß die Lebkuchen bis zum Fest altbacken und die Nüsse faul wurden.

Acht Tage vor dem Jubeltage stellte man auf der Brandwiese Tische und Bierbüffets auf, ebenso zwei Tribünen: eine fürs zahlende Publikum und eine für die geladenen Ehrengäste.

Zwischen den Büffets wurden ganz schmale Durchgänge freigelassen, damit die Leute bei der Verteilung der Geschenke einzeln und der Reihe nach antreten konnten. Diese Anordnung hatte der Bürgermeister selbst erdacht. Er war ja ein klugberechnender junger Mann.

Am Tage vor dem Feste brachte man die Geschenke auf die Brandwiese, verstaute sie in einen Schuppen und sperrte diesen zu.

Als das Volk von den Festlichkeiten und Geschenken erfuhr, strömte es in hellen Haufen zu der altberühmten Stadt Mstislawl zusammen, sich schon von der Ferne beim Anblick der zahlreichen goldenen Kirchenkuppeln bekreuzend. Man erzählte sich, daß außer den bewußten Geschenken noch eine weitere Überraschung beabsichtigt sei: auf der Brandwiese würden Schnapsfontänen springen, und jeder dürfe so viel trinken, als er wolle:

»Bis du zerspringst!«

Viele kamen von sehr weit her. Am Tage vor dem Fest trieb sich in den Straßen der Stadt schon eine Menge auswärtiger Gäste umher. Meistens waren es Bauern; es gab auch viele Fabrikarbeiter und Kleinbürger aus den Nachbarstädten. Die meisten kamen zu Fuß, einzelne auch gefahren.

Seit einigen Tagen schon herrschte in der Stadt eine festliche Stimmung. Die Häuser waren mit Fahnen und Tannengirlanden geschmückt. Dankgottesdienste wurden abgehalten. Eine große Truppenrevue fand statt. Nach dieser eine Besichtigung der Feuerwehr. Auf dem Marktplatze ging es lustig und laut zu.

Es kamen viele vornehme Gäste wie aus dem Reiche so auch aus dem Auslande, hohe Beamten und Würdenträger und eine Menge neugieriger Touristen. Die Ortsbewohner standen haufenweise in den Straßen und starrten die fremden Gäste an. Sie blickten auf die vornehmen Ausländer mit besonderem Interesse, wenn auch nicht mit gerade freundschaftlichen Gefühlen. Ein jeder bemühte sich, an der Sache möglich viel zu verdienen. Die Preise für die Wohnungen, Nahrungsmittel und alle Waren wurden mächtig in die Höhe getrieben.

Der Vorabend des Volksfestes rückte heran. Die Stadt war wie an jedem Abend festlich beleuchtet. Im Stadttheater fand eine Galavorstellung statt. Nach dem Theater gab es einen großen Ball beim Gouverneur.

Die Menschen strömten aber schon zur Brandwiese zusammen. Niemand beaufsichtigte die Volksmenge. Die Verteilung der Geschenke war für zehn Uhr morgens angesetzt, und die Stadtverwaltung hatte geglaubt, daß vor Tagesanbruch kein Mensch auf die Brandwiese kommen würde. Vor Tagesanbruch gab es aber eine Nacht, und vor der Nacht einen Abend. Die Menge versammelte sich schon am Abend auf der Brandwiese, so daß es vor den Schuppen, die den eigentlichen Festplatz von der städtischen Viehweide trennten, schon um Mitternacht sehr eng und unruhig war.

Man schätzte die Menge auf einige Hunderttausend. Viele sprachen sogar von einer halben Million.

II.

Auf dem Nikola-Platze, am Rande eines steilen Abhanges, stand das Häuschen der Familie Udojew. Der Garten am Hause gewährte eine prachtvolle Aussicht auf die unteren und jenseits des Flusses gelegenen Stadtteile wie auch auf die ganze Umgegend.

Von der Höhe betrachtet, erschien alles so klein und viel sauberer, hübscher und schmucker als in Wirklichkeit. Der seichte schmutzige Fluß Ssafat erschien von hier aus als ein schmales in allen Farben schillerndes Band. Die Wohn- und Kaufhäuser sahen wie Spielzeuge aus; die Fuhrwerke und Menschen bewegten sich friedlich, lautlos und ziellos; die Staubwolken in der Luft waren kaum zu sehen, und das schwere Dröhnen der Frachtfuhren klang wie eine fast unhörbare unterirdische Musik.

Dem Udojewschen Hause gegenüber, an der andern Seite des Platzes erhob sich das Rentamt, ein gelbgetünchtes, unfreundliches zweistöckiges Gebäude. An diesem Rentamt war das Haupt der Familie, der Staatsrat Matwej Fjodorowitsch Udojew angestellt.

Der graue Bretterzaun am Udojewschen Hause war fest gezimmert; das Gartenhaus war ungemein nett und gemütlich, der Flieder duftete süß, die Obstbäume und Beerensträucher verhießen etwas Freudiges und Süßes, – das ganze Sein der Familie des alten ehrwürdigen Beamten schien fest und dauerhaft fundiert.

Die Udojewschen Kinder – der fünfzehnjährige Gymnasiast Ljoscha und seine beiden Schwestern Nadja und Katja, von denen die eine zwanzig und die andere achtzehn Jahre alt war, hatten die Absicht, zum Volksfest auf die Brandwiese zu gehen. Sie waren daher schon seit einigen Tagen freudig erregt.

Ljoscha war ein fleißiger Junge, der gerne lachte und eine auffallend weiße Gesichtsfarbe hatte. Er hatte keinerlei auffallende Kennzeichen, und die Lehrer verwechselten ihn daher oft mit einem andern ebenso bescheidenen Gymnasiasten, der ebenso weiß im Gesicht war. Auch die beiden Mädchen waren bescheiden, lustig und gutherzig. Die ältere, Nadja war etwas lebhafter, oft unruhig und zuweilen sogar mutwillig. Die jüngere Katja war dagegen ungemein still und fromm; sie betete gern in der Klosterkirche, ging leicht vom Lachen zum Weinen und vom Weinen zum Lachen über, und es war ebenso leicht, sie zu kränken wie zu trösten und zum Lachen zu bringen.

Der Junge und die beiden Mädchen hatten große Lust, sich je einen Blechbecher zu ergattern. Sie baten ihre Eltern um Erlaubnis, auf die Brandwiese gehen zu dürfen.

Die Eltern willigten sehr ungern ein. Die Mutter brummte. Der Vater schwieg. Ihm war ja alles gleich. Übrigens war auch er mit dem Unternehmen nicht ganz einverstanden.

Matwej Fjodorowitsch war ein schweigsamer, langer, pockennarbiger Mensch. Er trank Schnaps, wenn auch in mäßigen Mengen, und widersprach fast nie seinen Angehörigen. Das Familienleben ging an ihm irgendwie vorbei. Wie auch das ganze übrige Leben...

Es zog an ihm vorbei wie die Wolken, die am sonnendurchfluteten Himmel vorbeigleiten und zerschmelzen ...Wie der unermüdlich schreitende Wanderer, der an gleichgültigen Gebäuden vorbeigeht ...Immer vorbei, alles vorbei.

III.

Ljoscha und seine beiden Schwestern standen vor dem Tore und blickten hinaus. Auf der Straße ging es laut und lebhaft zu. Viele aufgeputzte Menschen, offenbar Fremde, gingen vorbei, zum größten Teile in der Richtung zur Brandwiese. Das dumpfe Tosen der Menge flößte den Kindern eine dunkle Angst ein.

Die Schutkins, die in der Nachbarschaft wohnten – der junge Mann, die beiden jungen Mädchen und der jüngste Bruder – gingen auf sie zu. Sie wechselten einige gleichgültige Worte wie Menschen, die oft zusammenkommen und miteinander gut bekannt sind.

»Geht ihr hin?« fragte der ältere Schutkin.

»Ja, morgen früh!« antwortete Ljoscha.

Nadja und Katja lächelten freudig und etwas verlegen. Die Schutkins lachten aus irgendeinem Grunde auf und wechselten Blicke. Dann gingen sie nach Hause.

»Sie wollen wohl vor uns hinkommen!« rief Nadja.

»Sollen sie nur,« sagte Katja traurig.

Das Haus der Schutkins stand dicht neben dem Udojewschen. Es fiel durch sein unsauberes und verwahrlostes Aussehen auf.

Die jungen Schutkins waren ausgelassen und frech. Sie erlaubten sich oft recht üble Streiche und verleiteten dazu auch die Udojewschen Kinder.

Die Schutkins waren schwarzhaarig und dunkel wie Zigeuner. Der älteste Bruder war als Schreiber beim Friedensrichter angestellt und spielte flott Balalaika. Die Schwestern, Jelena und Natalja sangen und tanzten mit großer Begeisterung. Der jüngste Bruder, Kostja, war ein echter Gassenjunge. Er besuchte die Volksschule und wäre schon einige Mal um ein Haar hinausgeflogen. Vorläufig hielt er sich noch in der Schule mit Ach und Krach.

Die Udojews kamen nach Hause. Sie fühlten sich irgendwie ungemütlich und unruhig. Es litt sie nicht auf einem Platze.

Sie beschlossen, am frühen Morgen aufzubrechen, machten aber schon am Abend die Vorbereitungen dazu. Je tiefer die müde Sonne sank, um so größer wurde ihre Unruhe und Ungeduld. Jeden Augenblick liefen sie vor das Tor hinaus, um zu schauen und zu horchen, was draußen vorging, oder um einige Worte mit den Nachbarn zu wechseln.

Am unruhigsten war Nadja. Sie fürchtete, zu spät zu kommen und sagte gereizt zu Bruder und Schwester:

»Ihr werdet verschlafen, ihr werdet ganz bestimmt verschlafen, ich sehe es schon voraus!«

Sie ließ ihre feinen Finger in den Gelenken knacken, was bei ihr stets ein Anzeichen höchster nervöser Erregung war.

Katja lächelte ruhig und antwortete mit großer Sicherheit:

»Nein, wir kommen nicht zu spät.«

»Der Mensch muß ja auch schlafen!« sagte Ljoscha gedehnt.

Er war plötzlich ganz faul geworden und sagte sich, daß es sich gar nicht lohne, so früh aufzustehen. Er hatte beinahe keine Lust mehr, hinzugehen. Nadja ereiferte sich:

»Was dir nicht einfällt! Schlafen? Man muß nicht unbedingt schlafen! Ich werde mich heute überhaupt nicht hinlegen.«

»Wirst du auch nicht zum Abend essen?« neckte sie Ljoscha.

Auf einmal hatten sie alle das Gefühl, daß man das Abendessen absichtlich hinausschob. Sie sahen jeden Augenblick auf die Uhr und setzten dem Vater ordentlich zu.

Nadja brummte:

»Unsere Uhr geht heute wie zum Trotz nach. Es ist längst Zeit zum Abendessen. Wie leicht können wir morgen verschlafen, wenn man uns mit dem Abendessen bis Mitternacht warten läßt!«

Der Vater entgegnete mürrisch:

»Was wollt ihr von mir? Erst kommt die eine, dann die andere!«

Und er blickte seine Kinder so gleichgültig an, als sähe er zwischen ihnen keinen Unterschied und wüßte nur, daß es ihrer drei sind. Es war ja noch sehr früh. Um diese Stunde hatte man bei den Udojews noch nie zu Abend gegessen.

Indessen trafen bei den Udojews von allen Seiten Nachrichten ein, daß die Leute schon in hellen Haufen zur Brandwiese gingen und daß dort bereits eine riesige Menge versammelt sei, die draußen übernachten wolle und sogar Zelte mitgebracht habe.

Die Kinder sagten sich nun, daß es morgen zu spät sein würde: wenn sie erst morgen hingingen, würden sie bei der Verteilung der Geschenke nicht mehr drankommen. Die Stimmung im Udojewschen Hause war nun unheimlich gespannt.

Am Hause aber gingen immer mehr Menschen vorbei. Viel Gesindel war darunter. Auch eine Menge Gassenjungen. Die Leute lärmten und waren lustig und festlich gestimmt.

IV.

Vor dem Tore standen einige Menschen. Man hörte sie lebhaft sprechen, streiten und lachen.

Ljoscha und die beiden Mädchen liefen wieder vors Tor.

Draußen standen mehrere Bauern und Bäuerinnen und einige einheimische Kleinbürger. Sie sprachen miteinander laut und gereizt. Es klang, wie wenn sie stritten.

Eine ältere, lebhafte Kleinbürgerin mit spitzigem, verschmitztem Gesicht, in einem grellen, steifgestärkten neuen Kattunkleide, mit einem rosa Kopftuch auf den öligen Haaren sprach zu einem großgewachsenen würdigen Bauern:

»Warum sind Sie nicht in einem Gasthof abgestiegen?«

Der alte Bauer antwortete so langsam und bedächtig, als suche er möglichst präzise Worte, um einem sehr wichtigen und tiefen Gedanken den richtigen Ausdruck zu verleihen:

»Eure Gastwirte schinden ja einem die Haut vom Leibe. Wahre Schinder sind sie. Man kann mit ihnen gar nicht reden. Ganz aus Rand und Band sind die Leute. Sie haben wohl alle kein Kreuz am Halse. Ein jeder will jetzt reich werden. Die Haut schinden sie einem vom Leibe!«

Ein gutmütiger Bauernbursche mit weißem Gesicht und heller Stimme, mit sanften hellblauen Augen und einem ewigen Lächeln auf den weichen Lippen sagte:

»Es gibt auch gute Menschen, die einen umsonst aufnehmen.«

Die andern sahen ihn höhnisch an und sagten:

»Ja, es gibt wohl solche Menschen, aber nicht hier!«

»Such mal, wo es solche gibt, und sag es dann uns!«

Die Leute lachten schadenfroh, obwohl für Schadenfreude kein sichtlicher Grund vorlag. Der Bursche grinste, blickte mit unschuldigen Augen um sich und beteuerte:

»Mich hat aber eine aufgenommen. Tatsächlich!«

»Du bist mir zu glatt,« sagte ein rothaariger blatternarbiger Bauer.

Die beiden Schutkin-Mädchen und der ältere Bruder kamen heran. Die Schwestern Jelena und Natalja waren einander in allen Dingen auffallend ähnlich, und es war so seltsam, daß die eine rotes und die andere schwarzes Haar hatte. Sie hörten dem Gespräch der Leute mit verschmitztem Lächeln zu. Ihr Lächeln schien heute furchtbar gemein, und auch sie selbst machten einen schmutzigen Eindruck.

Die ältere Schutkin blinzelte den Udojew-Mädchen zu und fragte:

»Wollt ihr morgen früh aufstehen?«

»Ja,« antwortete Ljoscha hastig, »wir werden vor Sonnenaufgang aufstehen und früher als alle hinkommen.«

Es fiel ihm plötzlich ein, daß es nun ganz unmöglich sei, früher als alle hinzukommen, und das ärgerte ihn.

»So, früh aufstehen wollt ihr? Warum nicht gar!« sagte Schutkin.

Seine Schwestern lachten frech und schlau. Es war unverständlich, warum sie lachten. Der ältere Schutkin sagte:

»Ja, früh aufstehen wollt ihr! Ihr werdet dasselbe erleben wie wir im vorigen Jahr, als wir zur Frühmesse ins Kloster gehen wollten.«

»Das war ein Spaß!« lachte Jelena auf.

Es war ihr und ihrer rothaarigen Schwester offenbar ganz gleich, worüber sie lachten. Sie hielten es wohl auch gar nicht für unpassend, sich über sich selbst lustig zu machen.

Schutkin erzählte:

»Es war im vorigen Jahr. Wir gingen früh zu Bett, als noch kein Licht brannte. Wir schliefen gut aus und standen früh auf. Wir hatten damals nämlich keine Uhr: infolge eines zeitweiligen Übergewichts der Ausgaben über die Einnahmen mußten wir eine innere zwölfprozentige Anleihe aufnehmen, und die Uhr blieb als Sicherheit im Depot. Wir standen also auf und gingen ins Kloster. Wie wir hinkommen, ist alles zu. Wir glauben, daß es noch zu früh ist. Also setzen wir uns auf eine Bank vor dem Klostertore. Der Wächter geht auf uns zu und fragt mit aufrichtigem Erstaunen: ›Was sitzt ihr da? Ist es euch zu Hause langweilig?‹ – ›Wir sind zur Frühmesse gekommen,‹ sagen wir ihm vollkommen ruhig. ›Eure Mönche schlafen wohl noch!‹ Er sagt uns darauf: ›Wie kann man nur so früh kommen? Es hat ja eben elf geschlagen. Wollt ihr denn die ganze Nacht warten? Geht doch lieber nach Hause.‹ Wir hörten auf den vernünftigen Rat und gingen nach Hause. Das war ein Spaß!«

Die Schutkins und Udojews lachten.

In diesem Augenblick kam der jüngste Schutkin, Kostja, verschwitzt und außer Atem herbeigelaufen. Er rief freudig noch aus der Ferne:

»Ich war eben auf der Brandwiese!«

»Nun, wie sieht es dort aus?« fragten ihn seine Geschwister und die Udojews.

Kostja berichtete freudig:

»Eine Unmenge Bauernvolk. Das ganze Feld haben sie besetzt.«

»Diese Narren!« sagte Ljoscha geärgert, doch lachend: »Die Verteilung der Geschenke beginnt ja erst um zehn Uhr, und sie sind schon am Abend hingekommen.«

Der ältere Schutkin blinzelte seinen Schwestern zu und sagte lachend:

»Wer hat euch das gesagt? Die Verteilung beginnt um zwei Uhr, damit auch die ausländischen Gäste dabei sein können. Die Ausländer gehen spät zu Bett und sind nicht gewohnt, früh aufzustehen.«

»Nein, es ist nicht wahr, um zehn fängt es an!« ereiferte sich Ljoscha.

»Nein, um zwei, um zwei!« riefen die Schutkins wie aus einem Munde.

Ihrem frechen Lachen und den Blicken, die sie miteinander wechselten, konnte man anmerken, daß sie logen.

»Ich werde es gleich feststellen,« sagte Ljoscha.

Er lief schnell zum Sekretär des Magistrats hinüber, der im Hause gegenüber wohnte, und kam bald triumphierend zurück. Im Laufen schrie er:

»Um zehn!«

Die Schutkins lächelten und widersprachen nicht mehr.

»Ihr sagt das, weil ihr vor uns hingehen wollt,« sagte Ljoscha. »Ja, so seid ihr!«

Der Gymnasiast Pachomow, ein lebhafter schlanker Junge, kam vorbeigelaufen. Er blieb einen Augenblick stehen und begrüßte die Udojews. Die Schutkins blickten ihn feindselig an.

»Nun, geht ihr auch hin?« fragte er und sagte gleich darauf, ohne eine Antwort abzuwarten: »Wir gehen schon am Abend hin. Viele gehen am Abend hin.«

Er hatte große Eile und verabschiedete sich. Er blickte die Schutkins an, als wollte er sie begrüßen, überlegte es sich aber und lief weiter. Die Schutkins warfen ihm gehässige Blicke nach und lachten. Dieses Lachen berührte die Udojews höchst unangenehm: was gab es da zu lachen?

»Der Musterknabe!« sagte Kostja verächtlich.

Jelena sagte laut und sehr gehässig:

»Der Prahlhans! Er lügt.«

Der Abend war so still und schön, daß die unnötigen rohen Worte der Schutkins als greller Mißton klangen.

Die Sonne war eben untergegangen. Auf den Wolken ruhte noch der Widerschein ihrer blutigroten Abschiedsstrahlen.

So schön, so friedlich war der Abend ... Doch das sengende Gift der toten Schlange strömte noch immer über die Erde.

V.

Die Udojews gingen heim. Es war ihnen etwas unheimlich zumute, sie fühlten sich irgendwie verlegen und wußten nicht, was anfangen. Aus jedem geringsten Anlasse zankten sie sich. Alle waren auf einmal nervös geworden.

Auch Ljoscha war plötzlich ebenso unruhig und aufgeregt wie Nadja.

»Wir kommen, wenn alles vorbei ist,« sagte er laut und ärgerlich.

Diese zufälligen Worte hatten, wie es so oft vorkommt, eine entscheidende Wirkung. Nadja sagte:

»Wir wollen also wirklich schon am Abend hingehen!«

Alle stimmten ihr zu und wurden plötzlich lustig.

Ljoscha schrie, rot vor Aufregung:

»Selbstverständlich, wenn man überhaupt hingehen will, so doch nur jetzt!«

Alle drei liefen zum Vater, um ihn um Erlaubnis zu bitten. »Wir haben es uns überlegt, wir gehen schon am Abend hin!« schrie Nadja, vor dem Vater tänzelnd.

Der Vater schwieg mürrisch.

»Es ist ja wirklich kein Unglück, wenn man eine Nacht nicht schläft,« versuchte Ljoscha den Vater zu überreden.

Der Vater aber schwieg, und sein Gesicht blieb unbeweglich und finster.

Die Kinder ließen ihn in Ruhe und liefen zur Mutter. Die Mutter brummte.

»Papa hat's erlaubt!« schrie Ljoscha.

Die Schwestern lachten und schwatzten laut und lustig.

Mit freudigen Schreien liefen sie durchs Haus und durch den Garten. Das Abendessen sollte sofort auf den Tisch kommen.

Sie sprachen auch von den Schutkins. Die Erinnerung an sie war unangenehm. Ljoscha sagte den Schwestern:

»Aber den Schutkins sagen wir kein Wort!«

Die Schwestern stimmten ihm zu.

»Selbstverständlich,« sagte Nadja. »Mag sie der Kuckuck holen!«

Katja runzelte die Stirne und sagte gedehnt:

»So ekelhaft sind sie!«

Gleich darauf fing sie wieder zu lachen an.

Sie schlangen das Abendessen hastig und ohne Appetit herunter. Sie ärgerten sich über die Eltern, die so langsam aßen, als ob nichts Besonderes bevorstünde.

Als man zu Ende gegessen hatte, wandte der Vater sein Gesicht plötzlich den Kindern zu und starrte sie lange und unverwandt an, so daß sie unter seinen mürrischen und gleichgültigen Blicke ganz still wurden. Schließlich sagte er: »Es ist doch wirklich kein Vergnügen, sich von den Betrunkenen herumstoßen zu lassen.«

Nadja errötete und versuchte ihn zu überzeugen:

»Es gibt ja gar keine Betrunkene. Es ist wirklich merkwürdig: an unserem Hause kam heute während des ganzen Tages kein einziger Betrunkener vorbei. Es ist zum Staunen!«

Katja sagte lustig lachend:

»Sie denken ja nur an die Geschenke und wollen gar nicht trinken. Sie haben keine Zeit dazu.«

Endlich war man mit dem Abendessen fertig.

Die Kinder liefen fort, um sich umzuziehen. Die Mädchen wollten sich wie zu einem Fest ausputzen. Die Mutter war aber entschieden dagegen.

»Was? Wozu? Um sich von den Bauern herumstoßen zu lassen?« sagte sie böse.

Man konnte es ihrem gewöhnlichen, unbedeutenden Gesicht und ihrer ganzen Figur, die plötzlich einen ängstlich gespannten Ausdruck angenommen hatte, anmerken, daß sie es nicht zulassen würde, daß die Mädchen ihre Feiertagskleider ruinieren.

Die Mädchen mußten also ihre einfachsten Sachen anziehen.

Endlich gingen sie aus dem Hause und liefen die steile Straße zum Flusse hinunter. Unten stießen sie aber gleich auf die Schutkins.

Nun mußten sie mit ihnen zusammen gehen. Das war ärgerlich.

Auch die Schutkins ärgerten sich. Jetzt konnten sie nicht mehr vor den Udojews hinkommen und hatten auch keinen Anlaß, vor ihnen zu prahlen und sie zu necken.

Die Schutkins brachten es doch fertig, sich über die Udojews lustig zu machen.

Unterwegs waren sie sich einige Mal beinahe in die Haare geraten.

Am Abend ging es ebenso lebhaft und laut zu wie am Tage.

Über der Stadt funkelten still wie immer die Sterne, so ferne und unscheinbar für den zerstreuten Blick und so nahe für den, der genauer hinsah.

Der heitere, bleiche Himmel wurde von Augenblick zu Augenblick dunkler, und es war eine Freude, darin das sich jeden Abend unabänderlich wiederholende Sakrament der die fernsten Welten enthüllenden Nacht zu schauen.

Im Kloster läuteten die Glocken, – die Abendmesse ging zu Ende. Die hellen, traurigen Töne strömten langsam über die Erde dahin. Wenn man sie hörte, hatte man den Wunsch, zu singen, zu weinen und ziellos zu wandern.

Der Himmel, der zarte, gerührte Himmel lauschte dem ehernen hellen Weinen. Auch die stillen, leichten Wölkchen lauschten dem ehernen Dröhnen.

Und die Luft strömte so zärtlich und warm, wie aus vielen freudigen Atemzügen zusammengesetzt.

Die rührende Zärtlichkeit des tiefen Himmels und der still dahinschmelzenden Wolken wirkte auch auf die Kinderseelen.

Und alles, was sie umgab – das Glockengeläute, der Himmel und die Menschen – flammte plötzlich auf und wurde zu Musik.

Alles wurde für einen Augenblick zu Musik, – als aber der Augenblick verglimmt war, sahen sie sich wieder von den Dingen und Trugbildern der sichtbaren Welt umgeben.

Die Kinder eilten zur Brandwiese.

In der Stadt ging es aber sehr laut und anscheinend auch lustig zu. Über den Häusern flatterten Fahnen. In den Straßen brannten Unschlittlämpchen, und die Luft war stellenweise von widerlichem Qualm erfüllt.

Die Menge wogte über die steil zum Flusse abfallenden Straßen und am Ufer des Ssafat. Zwischen den Erwachsenen trieben sich auch viele Kinder umher. Und alles war von einem Klingen und von einer Freude erfüllt, die es nur in Märchen und niemals im grauen alltäglichen Leben gibt. Die gewöhnlichsten Menschenworte klangen durch das dumpfe Tosen hindurch hell und vielverheißend.

Viele Equipagen mit den Ehrengästen fuhren vorbei, und die vornehmen Herren und Damen lächelten der Menge freundlich zu.

Aus den Equipagen klangen leise, unverständliche Worte und flüchtiges Lachen.

Die Schutkins warfen den vorbeifahrenden reichen Leuten feindselige Blicke zu. Schlechte und dumme Gedanken kamen ihnen in den Sinn.

Als sie eben die Stadt verließen, sagte der ältere Schutkin mit dummem Grinsen:

»Schön wäre es jetzt, die Stadt anzuzünden. Das wäre gar nicht ohne!«

Seine Schwestern und Kostja fingen zu lachen an.

Katja fuhr zusammen und zuckte die schmächtigen Schultern.

»Wie können Sie das nur sagen?!« sagte sie erregt: »Das ist ja entsetzlich!«

»Das würde eine Rennerei werden!« schrie Kostja entzückt.

»Dann würde ja auch euer Haus verbrennen,« sagte Nadja erstaunt: »Was freut ihr euch so?«

»Was soll bei uns verbrennen?« entgegnete Natalja. »Wir haben nichts, was uns leid täte.«

Nadja blickte sie an. Im schwachen Widerscheine der qualmenden Festbeleuchtung sahen ihre roten Haare und ihr sommersprossiges Gesicht wie in Flammen stehend aus. Ihre Nasenflügel zitterten, und es schienen ihr Flammen übers Gesicht zu laufen.

VI.

Von fieberhafter Erregung getrieben, erreichten sie bald die Brandwiese.

Aus der Ferne hörten sie schon das wilde drohende Tosen der Volksmenge, das ein unheimliches und doch süßes Grauen einflößte. Sie liefen durch die vom Nachtwinde stoßweise angetriebene Finsternis. Viele Menschen rannten, bald zurückbleibend und bald sie überholend, in der gleichen Richtung. Groß und klein, Männer und Weiber, Kinder und Greise. Die Jüngeren waren in der Mehrzahl. Alle waren von der gleichen Erregung ergriffen, die Stimmen klangen unnatürlich, und das Lachen schallte bald laut, und riß bald plötzlich ab.

Von der Straßenbiegung aus sahen sie plötzlich die ganze Brandwiese dunkel, voll unheimlichem Lärm und Unruhe erfüllt, vor sich liegen.

Am Rande der Wiese brannten hie und da Feuer, und die Wiese selbst erschien daher noch dunkler.

Auch in der Ferne leuchteten Scheiterhaufen. Man sah sie aber einen nach dem andern qualmend erlöschen. Die Menge trampelte sie wohl nieder und zertrat mit den schweren Stiefeln ihre jäh aufsteigenden Flammenseelen.

Ein noch unheimlicheres, noch süßeres Grauen ergriff die Udojews. Die Angst flatterte irgendwo dicht hinter ihren zuckenden Schultern. Sie hielten sich aber tapfer.

Die Schutkins freuten sich über das Gedränge und über die bevorstehende Unordnung und Panik. Sie freuten sich, daß sie nachher interessante und amüsante Einzelheiten erzählen können würden.

Der ältere Schutkin blickte mit dummem Grinsen auf die dunkle, brausende Wiese und sagte mit unbegreiflicher Freude:

»Einen von den Schwächeren wird man heute sicherlich erdrücken. Sie werden es sehen!«

Die Udojews wagten aber nicht, an Tod und Unheil zu denken. Diese von der wogenden Menge bedeckte Wiese, und der Tod, – nein, das war unmöglich!

»Sicherlich wird man jemand erdrücken,« sagte eines der Schutkin-Mädchen mit seltsam veränderter Stimme.

Jemand lachte roh und freudlos auf. Das Lachen klang in der Dunkelheit unheimlich.

»Gewiß!« sagte Katja gleichgültig.

Plötzlich fühlten sie alle Langeweile. Es kam von der Dunkelheit und vom plötzlichen und gespenstischen Aufleuchten der Scheiterhaufen. Sie sahen um sich und lauschten und gingen ziellos weiter.

Den vom Widerschein der Scheiterhaufen beleuchteten, zum größten Teil jugendlichen Gesichtern und den sorglos lachenden Stimmen konnte man anmerken, daß es allen sehr lustig zumute war.

Die ganze Wiese war von stehenden, sitzenden und herumgehenden Menschen angefüllt.

Je tiefer die Udojews in die Menge eindrangen, um so mehr wurden sie von der Lust und Unruhe der Menschen angesteckt, die ihr gewohntes Obdach und ihre gewohnten Mauern verlassen hatten.

Nun war es auch ihnen lustig zumute. Viel zu lustig.

Die Schutkins trennten sich von ihnen und ließen sich nicht mehr blicken. Die Udofews stießen aber auf viele andere Bekannten, mit denen sie vergnügte Worte wechselten. Sie trafen sich in der Menge und trennten sich wieder.

Sie gingen immer vorwärts, vielleicht auch zur Seite, und die Wiese kam ihnen endlos vor. Es erschien ihnen so amüsant, daß sie immer neuen Gesichtern begegneten.

»Es ist ja furchtbar lustig hier. Man merkt gar nicht, wie die Nacht vergeht!« sagte Nadja, nervös gähnend und ihre schmalen Schultern zuckend.

Lange gingen sie so, ab und zu stehen bleibend, zwischen den Scheiterhaufen irrend, den fremden Gesprächen lauschend und oft ganz fremde Menschen ansprechend.

Anfangs schien es ihnen, daß sie auf irgendein bestimmtes Ziel zugingen und sich ihm immer näherten. Alles erschien ihnen bestimmt und zusammenhängend, wenn auch in ein unheimliches, doch süßes Grauen getauscht.

Nachher kam ihnen aber alles irgendwie abgerissen und zusammenhanglos vor, und sie fühlten sich von Fetzen zweckloser und seltsamer Eindrücke umschwärmt.

VII.

Alles war auf einmal abgerissen und zusammenhanglos, und die sinnlosen und zwecklosen Dinge entstanden gleichsam aus nichts, wie von der dummen, feindseligen Finsternis geboren. Mitten durch die Wiese zog sich ein Graben, den man einst zu irgendeinem Zweck ausgehoben hatte. Nun gähnte er sinnlos und häßlich, von schwarzem, stechendem Grase überwuchert, in der Finsternis und schien schrecklich und bedeutungsvoll.

Die Kinder gingen auf den Graben zu. Zwei Telegraphenbeamte saßen am Rande des Grabens, ließen die Beine herunterhängen und sprachen von ihren weiblichen Bekannten. Mit sichtlichem Vergnügen gebrauchten sie dabei unanständige Worte.

Die Udojews kamen näher und sahen eine Brücke aus rohen Brettern mit krummem Geländer, die über den Graben führte. Sie gingen über die Brücke. Das Geländer schien unzuverlässig.

Ljoscha sagte ängstlich:

»Wenn man hier herunterfällt, bricht man sich die Beine.«

»Wollen wir doch weiter von hier fort!« schlug Nadja vor.

So unsicher und zag klang ihre Stimme in der Finsternis. Es war so seltsam, daß man die Bewegungen ihrer Lippen nicht sehen konnte.

Und sie gingen wieder durch die brausende Menge weiter. Lichtkreise um die brennenden Scheiterhaufen wechselten mit dichter Finsternis ab, und die Wiese schien wieder endlos.

»Wo willst du denn hin?« redete ein betrunkener Strolch auf einen andern ein. »Man wird dich wie eine Wanze zerdrücken!«

»Soll man mich nur zerdrücken,« antwortete der andere. »Tut mir vielleicht mein Leben leid? Wenn man mich zerdrückt, wird kein Mensch um mich weinen.«

Sie stießen auf einen Brunnen, der mit halbdurchfaulten Brettern überdeckt war. Sie schrien vor Erstaunen leise auf.

Ein betrunkener Bauer blickte jeden Augenblick in den Brunnen hinein und schrie, den zerzausten langen Kopf schüttelnd:

»He!«

Dann taumelte er einige Schritte zurück und rief:

»Malanja!«

Und dann lief er wieder mit den kleinen unsicheren Schritten eines Betrunkenen auf den Brunnen zu.

Sie blieben stehen und lachten über den Mann. Dann gingen sie weiter und hörten noch lange seine trunkenen Schreie.

»Ich habe mein Messer bei mir,« sagte ein heiserer, langer, hagerer Kerl.

Sein Freund, ebenso abgerissen und lang wie er, erwiderte mit süßlicher Tenorstimme:

»Ich auch!«

»Für jeden Fall!« klang wieder die heisere Stimme des ersten.

Man hörte den andern kichern.

Die Kinder gingen durch die gespenstische Finsternis, durch die zuckenden Lichtkreise der Scheiterhaufen, den süßlichen Qualm des brennenden feuchten Holzes atmend, immer vorwärts. Ljoscha ging voraus, die Schwestern folgten ihm.

Sie taten so, als hätten sie gar keine Angst.

Die Brandwiese schien wieder endlos, die Scheiterhaufen täuschten sie wie Irrlichter, und sie fühlten solche Müdigkeit in den Beinen, als ob sie schon sehr lange unterwegs wären.

»Wir gehen immer im Kreise umher,« sagte Ljoscha.

Mit diesen Worten gab er dem Gedanken, der sie alle beunruhigte, Ausdruck. Katja wurde ganz mutlos. Nadja aber sagte mit geheuchelter Sorglosigkeit:

»Macht nichts, wir werden schon irgendwo hinkommen!«

Ljoscha fiel plötzlich um. Seine Beine ragten einen Augenblick lang in die Höhe, und der Kopf war verschwunden. Die Schwestern eilten zu ihm und halfen ihm heraus. Er war mit dem Kopf und dem Oberkörper in irgendein Loch geraten.

»Wir müssen weiter von hier weg, hier ist es gefährlich,« sagte Nadja.
Sie stolperten aber auch später auf Schritt und Tritt.

VIII.

»Auch die Herrschaften sind hergekommen!« hörten sie eine widerliche Tenorstimme in nächster Nähe.

Sie sahen nicht, wer das gesagt und wer die gehässigen Worte mit lustigem Lachen begrüßt hatte.

Die Kinder verstanden nun, daß diese ganze unbegreifliche und sie nicht begreifen wollende Menge ihnen fremd und feindselig war. Im Lichte der Scheiterhaufen tauchten Gesichter auf, die den Gymnasiasten und seine Schwestern mit bösen Blicken verfolgten.

Diese bösen Blicke machten den Kindern große Angst. Sie konnten den Haß nicht begreifen: worauf mochte er beruhen?

Fremde Menschen sahen sie finster und unfreundlich an.

Hie und da hörten sie unflätige Späße. In der ganzen großen Menge nahm sich niemand der Kinder an, und es wurde ihnen immer unheimlicher zumute.

Irgendein betrunkener Handwerker erhob sich von seinem Platz am Feuer und ging auf die Kinder zu.

»Fräulein!« rief er aus. »Welch angenehme Begegnung! Sie können von mir jedes Vergnügen haben. Ich möchte Sie küssen.«

Er wankte, zog die Mütze, umarmte Katja und küßte sie auf den Mund.

Ein schallendes Lachen rollte durch die Menge. Katja brach in Tränen aus.

Ljoscha schrie auf, stürzte sich auf den Betrunkenen und stieß ihn zurück.

Der Betrunkene brummte wütend:

»Mit welchem Recht? Stoßen? Und wenn ich sie küssen will? Wer darf es mir übel nehmen?«

Die Schwestern packten Ljoscha bei den Händen und zogen ihn in die Finsternis fort.

Sie waren sehr erschrocken. Die Beleidigung brannte furchtbar auf ihren Seelen.

Nun wollten sie schon die finstere unreine Stätte verlassen. Sie konnten aber den Weg nicht mehr finden. Die Feuer der Scheiterhaufen blendeten die Augen, ließen die Finsternis schwarz erscheinen und machten alles unverständlich und zerrissen.

Die Scheiterhaufen begannen bald einer nach den andern zu erlöschen. Eine gleichmäßige Finsternis erfüllte nun die Luft. Die schwarze Nacht senkte sich schwer auf das Feld mit allen seinen Tönen und Stimmen. Diese Nacht erschien den Kindern, die nicht schliefen und sich in der Menge befanden, als die bedeutungsvolle, einzige und letzte Nacht.

IX.

Sie waren noch gar nicht so lange da, und doch erschien ihnen schon alles ekelhaft und grauenvoll.

In der Finsternis machte sich ein nichtsnutziges, gemeines, häßliches Leben breit. Die hüllenlosen und obdachlosen Menschen berauschten sich an der wilden Luft der finstern Nacht.

Sie hatten einen schlechten Schnaps und schweres Bier mitgebracht. Nun tranken sie die ganze Nacht und schrien mit heiseren Stimmen. Sie verzehrten übelriechende Speisen. Sie sangen unflätige Lieder. Sie führten schamlose Tänze auf. Sie lachten. Hie und da ertönten verdächtige Geräusche. Widerlich kreischte eine Ziehharmonika.

Die ganze Luft war von Gestank erfüllt, alles war ekelhaft, finster und unheimlich.

An allen Ecken und Enden klangen trunkene und heisere Stimmen.

Hie und da umarmten sich Männer und Weiber. Unter einem Strauch ragten zwei paar Beine hervor und klangen die abgerissenen häßlichen Schreie sich sättigender Wollust.

Auf den wenigen noch freien Plätzen standen die Leute in kleinen Kreisen, in denen etwas vorging.

Ekelhafte schmutzige Gassenjungen tanzten den Kasatschók.

In einem der Kreise tanzte ein betrunkenes Weib ohne Nase. Es hob schamlos den schmutzigen und zerrissenen Rock und sang mit häßlicher näselnder Stimme. Die Worte des Liedes waren ebenso schamlos wie ihr schreckliches Gesicht und der schreckliche Tanz.

»Wozu hast du das Messer?« drang ein Schutzmann auf jemand ein.

»Ich bin Arbeiter,« antwortete eine freche Stimme. »Ich habe das Werkzeug zufällig mitgenommen. Kann es auch jemand in den Bauch stoßen.«

Ringsum erhob sich ein Lachen.

Die Kinder gingen durch die häßliche Menge, durch das wilde Toben des zu Unzeit erwachten Lebens. Sie gingen immer im Kreise umher, und das Feld erschien ihnen endlos.

Das Vorwärtsgehen wurde immer schwieriger, immer enger umschloß sie die Menge.

Es war, als ob die Menschen um sie her aus dem Boden wüchsen.

Die Menge rückte plötzlich noch mehr zusammen. Es war furchtbar eng. Eine schwere Schwüle schien über die Erde zu ziehen und die Gesichter hinaufzukriechen.

Vom dunklen Himmel rieselte aber eine seltsame dunkle Kühle herab. Jedermann mußte zum abgrundtiefen Himmel und zu den kühlen Sternen emporschauen.

Ljoscha schmiegte sich an Nadjas Schulter. Er war plötzlich so furchtbar schläfrig...

...Da fliegt er schon durch den blauen Himmel, so leicht und frei wie ein Vogel...

Jemand stieß ihn. Ljoscha erwachte und sagte mit verschlafener Stimme:

»Ich wäre eben beinahe eingeschlafen. Habe sogar etwas geträumt.«

»Schlaf nur nicht ein,« sagte Nadja besorgt, »sonst verlieren wir einander in der Menge!«

»Auch ich möchte gerne schlafen,« klagte Katja leise.

»Daß wir einander nur nicht verlieren!« sagte Nadja.

Sie suchte sich Mut zu machen. Sie sagte:

»Wollen wir doch Ljoscha in die Mitte nehmen!«

»Ja, gewiß,« sagte Ljoscha mit matter Stimme.

Er war blaß und seltsam gleichgültig.

Die Schwestern nahmen ihn in die Mitte. Sie schützten ihn vor den Stößen, und das gab ihnen einige Zerstreuung. Sie konnten aber nicht mehr lange nebeneinander gehen: die Menge stieß sie nach allen Seiten.

»Nun sind wir da!« sagte eine seltsam vergnügte und dabei gleichgültige Stimme: »Jetzt wäre es Zeit, daß man die Geschenke verteilt.«

Eine andere Stimme antwortete:

»Warte nur, am Morgen werden die Herren kommen, die die Verteilung unter sich haben.«

X.

Es war eng und schwül, und man hatte nur den einen Wunsch: aus der Menge herauszukommen und frei aufzuatmen.

Sie konnten aber nicht mehr heraus. Sie hatten sich in der dunklen, antlitzlosen Menge verfangen, wie sich ein Nachen im Schilf verfängt.

Sie konnten nicht mehr auf die Straße gelangen oder sich auch nur aus freiem Willen nach rechts oder links wenden. Sie mußten sich zugleich mit der ganzen Menge vorwärts schleppen, und die Bewegungen der Menge waren schwerfällig und langsam.

Die Udojews bewegten sich in irgendeiner Richtung. Sie glaubten vorwärts zu gehen, weil alle in der gleichen Richtung gingen. Die Menge wich aber manchmal plötzlich zurück, oder schleppte sich langsam zur Seite. Nun wußten sie nicht mehr, wohin sie gehen sollten, wo das Ziel und wo der Ausgang war.

Da sahen sie plötzlich etwas seitwärts eine dunkle Wand, und hatten alle zugleich den Wunsch, auf dieses Ziel loszusteuern. Die Wand kam ihnen irgendwie vertraut und heimlich vor.

Sie sagten einander kein Wort, bemühten sich aber zu diesem Ziele vorzudringen.

Bald standen sie vor einer der Theaterbuden.

Die Wand gewährte ihnen gleichsam Schutz, sie fühlten sich wie unter einem Obdach, und es war ihnen nicht mehr so ängstlich zumute.

Die dunkle Wand stieg senkrecht hinauf und verdeckte die Hälfte des Himmels. Der unheimliche Eindruck der brodelnden, uferlosen Menge war dadurch etwas abgeschwächt.

Die Kinder standen hart an der Wand und blickten ängstlich auf die grauen trüben Gestalten, die dicht vor ihnen wogten. Es war ihnen heiß vor den zahllosen Atemzügen.

Vom Himmel herab kam aber stoßweise ein kühlender Hauch, und die schwüle Erdenluft schien mit der himmlischen Kühle zu kämpfen.

»Wir wollen doch lieber nach Hause gehen,« jammerte Katja: »Wir können uns ja sowieso nicht mehr durchdrängen.«

»Macht nichts, wir wollen doch noch etwas warten!« entgegnete Ljoscha, der sich Mühe gab, sorglos und lustig zu erscheinen.

In diesem Augenblick ging durch die Menge ein schweres Beben: als ob jemand gerade auf die Kinder lossteuerte. Man drückte sie an die Wand, und sie konnten kaum noch atmen.

Die Menge machte mit großer Anstrengung Platz, die Bretterwand erzitterte, – und zwei blasse Studenten, die auf den Schultern irgendeine Last trugen, taumelten aus der Menschenmasse hervor.

Sie trugen ein kleines Mädchen, das schon tot schien. Die blassen Hände hingen leblos herab, und das Gesicht mit den zusammengepreßten Lippen und geschlossenen Augen war blau angelaufen.

Durch die Menge ging ein Murren:

»Was braucht sich auch so ein schwaches Kind vorzudrängen?«

»Wie haben es die Eltern erlauben können?«

In diesem verlegenen Murren lag wohl das Bestreben, etwas, was nicht hätte sein sollen, zu rechtfertigen. Die Menschen hatten wohl für einen Augenblick eingesehen, daß es sündhaft war, sich hier zu drängen und einander zu erdrücken.

Die Menge geriet wieder in Bewegung. Die dumpfen Stöße taten den Körpern furchtbar weh. Schwere Stiefel traten auf die zarten leichtbeschuhten Kinderfüße.

Nun konnten sie nicht mehr länger bei der Bretterwand bleiben. Die Menge riß sie fort und schloß sie in einen engen Ring ein. Und wieder umfing sie das Grauen der schwülen Enge.

Die Kinder hoben die Köpfe in die Höhe, und ihre Lippen haschten gierig nach der himmlischen Kühle, während ihre Lungen im schweren, sinnlosen Gedränge beinahe erstickten.

Sie wußten nicht mehr, ob sie sich fortbewegten oder unbeweglich auf einem Fleck standen. Sie wußten auch nicht mehr, wieviel Zeit vergangen war.

Die Kinder vergingen vor Sehnsucht nach freiem Raum.

Und vor Durst.

Der Durst war ganz langsam herangeschlichen. Schließlich meldete er sich in klagenden Worten:

»Ich möchte trinken!«sagte Ljoscha.

Als er das sagte, fühlte er, daß seine Lippen schon längst trocken waren und daß sein Gaumen verschmachtete.

»Auch ich möchte trinken,« sagte Katja, die bleichen, ausgetrockneten Lippen mit Mühe bewegend.

Nadja schwieg. Aber ihrem blassen, plötzlich eingefallenen Gesicht und den trockenen glänzenden Augen konnte man ansehen, daß auch sie vor Durst verging.

Trinken! Wenigstens einen Schluck Wasser! Heiliges, liebes, kühles, frisches Wasser...

Es war aber unmöglich, auch nur einen Schluck Wasser zu bekommen.

Der kühle Hauch vom fernen Himmel kam jetzt nur noch ruckweise und immer seltener. Er verbrannte, sobald er nur die gierig aufgerissenen Münder berührte.

Nadja schluchzte auf. Sie fuhr zusammen und schluchzte wieder. Und dann kam das Schluchzen jeden Augenblick.

Sie konnte sich nicht mehr beherrschen. So quälend war das Schluchzen in der schwülen Enge.

Ljoscha blickte ängstlich auf Nadja. Wie blaß sie plötzlich geworden war!

»Mein Gott,« sagte Nadja, wieder schluchzend. »Diese Qual! Was brauchten wir auch herzukommen!«

Katja begann leise zu weinen. Kleine Tränentropfen rollten ihr schnell die Wangen herab, und sie konnte sie nicht abwischen: man hatte sie so furchtbar zusammengedrückt, daß sie keine Hand rühren konnte.

»Was drängen Sie so?« wimmerte irgendwo in der Nähe ein dünnes Stimmchen. »Sie zerdrücken mich ja!«

Eine heisere, trunkene Baßstimme erwiderte böse:

»Was? Ich zerdrücke dich? Paßt dir das nicht? Du kannst mich ja auch drücken. Hier sind alle gleich, hol's der Teufel!«

»Ach, ach, man zerdrückt mich ja ganz!« klagte wieder das gleiche dünne Stimmchen.

»Jammere nicht so, Rotznase!« dröhnte die wütende Baßstimme. »Kommst schon einmal nach Hause, oder man trägt dich hin. Man wird dir schon die Gedärme herausdrücken, du Hundesohn!«

Nach wenigen Augenblicken hörte man ein feines, durchdringendes Wimmern ohne Worte. Und die wütende Stimme fuhr wieder dazwischen:

»Jammere nicht!«

Und dann kam wieder ein ersticktes Klagen.

Jemand schrie auf:

»Ein kleines Kind hat man erdrückt! Die Knochen krachen nur so. Heilige Himmelskönigin!«

»Ja, hört ihr, wie die Knochen krachen?« jammerte irgendeine Frau.

Ihre Stimme klang irgendwo in der nächsten Nähe, aber ihr Gesicht war nicht zu sehen.

Einen Augenblick später schien die Stimme schon aus weiter Ferne zu kommen. Hatte sie der Menschenstrom plötzlich fortgetragen?

Die Kinder waren von der Menge so sehr zusammengedrückt, daß sie kaum noch atmen konnten. In heiserem Flüsterton sprachen sie miteinander. Sie konnten die Köpfe nicht mehr wenden, um einander anzublicken.

Es war auch zu schrecklich, einander anzublicken und die Todesangst auf den lieben, im bleigrauen Dämmerlicht so unheimlich düsteren Gesichtern zu sehen.

Nadja hatte noch immer das Schluchzen. Nun begann auch Katja zu schluchzen.

Die ganze so schrecklich und so sinnlos zusammengedrückte Menge hatte wohl nur das eine noch unbewußte und darum doppelt qualvolle Bestreben: sich aus dem furchtbaren Schraubstock zu befreien.

Es gab aber keinen Ausgang mehr, und die wahnsinnige Menge, die auf diesem weiten Felde, unter dem weiten Himmel aus freiem Willen zusammengepreßt war, geriet allmählich in Raserei.

Die Menschen wurden zu Tieren und sahen die Kinder mit tierischer Bosheit an.

Man hörte heisere, entsetzliche Worte.

In der Nähe berichtete jemand seltsam gleichgültig, daß es in der Menge schon Erdrückte gäbe.

»Der Tote steht noch da, so furchtbar hat man ihn zusammengedrückt,« flüsterte jemand in der Nähe. »Er ist ganz blau, und der Kopf wackelt hin und her.«

»Hörst du es, Nadja?« sagte Katja leise: »Man sagt, daß da ein Toter steht.«

»Es ist wohl nicht wahr,« antwortete Nadja ebenso leise. »Er wird wohl bloß ohnmächtig sein.«

»Vielleicht ist es doch wahr?« sagte Ljoscha.

Seine heisere Stimme bebte vor Angst.

»Es kann nicht sein,« meinte Nadja, »ein Toter würde doch umfallen!«

»Wohin sollte er fallen?« entgegnete Ljoscha.

Nadja sagte darauf nichts. Sie mußte schon wieder schluchzen.

Ein altes Weib mit zerzaustem grauem Haar bewegte sich, die Hände über dem Kopfe schwingend, gleichsam durch die Menge schwimmend, auf die Udojews zu. Mit wahnsinnigen Schreien drängte sie sich an ihnen vorbei, und er war so schmerzvoll, wie wenn ein Nagel durch die Menge getrieben würde.

Ihr rasendes Schreien und ihr Auftauchen im trüben Dämmerlichte erschien als ein schwerer gespenstischer Traum. Von diesem Augenblick an war alles, was die Sinne der erstickenden Kinder erfaßten, wie ein Alpdruck, wie ein Delirium.

XII.

Nach der qualvollen, schrecklichen Nacht begann es plötzlich schnell zu tagen.

Schnell und freudig, von kindlicher Lust erfüllt, lachte das Morgenrot in einem Kranze rosiger Wolken auf. In der nebligen Ferne leuchteten goldene Flitter. Während die Erde noch finster und mürrisch dalag, stammte der Himmel schon vor Freude, vor der weltumfassenden, ewigen Siegesfreude. Und die Menschen... Die Menschen sind ja doch nur Menschen...

Zwischen der dunkeln, sündigen, schwerbeladenen Erde und dem leuchtenden, wieder seligen Himmel schwebte der dicke Dampf unzähliger Atemzüge.

Die nächtliche Kühle ballte sich zu goldenen Himmelsträumen zusammen und verbrannte in leichten Wolken, in den Strahlen des Morgenrots.

Die so seltsam und so unerwartet vom seligen Lachen der aufgehenden Sonne übergossene Menge, die große irdische Menge war aber noch immer von Haß und Angst erfüllt.

Sie drängte schwerfällig vorwärts, und die aus der Stadt Neuankommenden schoben voller stumpfer Wut die vorne Stehenden zu den Schuppen mit den Geschenken.

Unter dem ewigen Golde der Sonne lockte das trübe Zinnblech der armseligen Becher die Menschen ins beängstigende Gedränge.

Schwere Gedanken zogen langsam durch die fiebernden Sinne der Kinder, und jeder Gedanke war Angst und Pein. Der grausige Tod rückte heran. Der eigene Tod? Der Tod der Nächsten? Wessen Tod sollte schmerzvoller sein?

Manchmal fingen sie an, wie aus dem Schlafe erwachend, zu schreien, zu stöhnen, zu flehen.

Ihre heiseren Stimmen stiegen matt, wie verwundete Vögel mit gebrochenen Schwingen hinauf und fielen kraftlos herab und ertranken im dumpfen Dröhnen der stumpfen Menge.

Trübe Blicke der finsteren Menschen waren die einzige Antwort auf ihre Stimmen.

Die Angst schnürte die Kehlen zusammen und raunte böse, hoffnungslose Worte zu.

Nun hatten sie gar keine Hoffnung mehr, fortzukommen. Die Menschen waren schlecht. Schlecht und schwach. Sie konnten weder sich noch jemand anderen retten.

Überall erhob sich ein Flehen, ein Stöhnen, ein Schreien. Vergebens war aber jedes Flehen. Wer ließe sich auch hier in dieser Menge erweichen?

Es waren keine Menschen mehr, – so schien es den erstickenden Kindern: – wütende Dämonen lachten lautlos und blickten hämisch unter den verglimmenden und herabgleitenden menschlichen Larven hervor.

So unendlich lange währte die teuflische Maskerade. Es schien, daß sie niemals ein Ende nehmen, daß das Brodeln des Hexenkessels niemals aufhören würde.

XIII.

Ungestüm ging die Sonne auf, die vor Freude rasende böse Schlange. Sengend war ihr Atem. Sie verbrannte die letzten kühlen Lüftchen und stieg jäh hinauf.

Die Menge geriet plötzlich in Bewegung.

Ein vielstimmiges Brausen erhob sich über den Köpfen. So deutlich war plötzlich alles zu sehen. Als ob die zerfetzten Larven von einer unsichtbaren Hand herabgerissen, zu Boden gefallen wären.

Teuflischer Haß brodelte ringsum.

Wütende Teufelsfratzen tauchten überall auf. Aus den dunklen Mündern in den finsteren Gesichtern kamen rohe Worte.

Ljoscha stöhnte.

Ein rothaariger Teufel mit trocken glänzenden Augen brüllte ihn an:

»Wenn du schon einmal hergeraten bist, so darfst du nicht murksen. Niemand hat dich gerufen. Merke dir das, Taugenichts! Gar bald wird man dir die Gedärme herausdrücken.«

Die rasende Schlange steckte die Menschen mit ihrer Wut an.

Die Sonne stand plötzlich hoch und grausam am Himmel.

So unerträglich heiß und schwül war es auf einmal geworden.

Die Menschen vergingen vor Durst.

Jemand weinte.

Jemand flehte jämmerlich:

»Wenn doch nur ein Tropfen vom Himmel fallen wollte!«

Katja schluchzte.

Ab und zu tauchten vor ihnen seltsam und schrecklich bekannte Gesichter auf. Wie alle Gesichter in dieser tierischen Menge, waren sie in ihrer furchtbaren Veränderung erstarrt.

Sie waren viel schrecklicher als die unbekannten Gesichter: die Vertierung eines bekannten Gesichts tut doppelt weh.

Ljoscha fühlte, daß ihn jemand von oben auf die Schultern drückte. Als wollte er ihn in die dunkle, grausame Erde hineindrücken.

Jemand bemühte sich, in die Höhe zu klettern.

Es vergingen einige qualvolle Augenblicke. Dann kam eine kurze Erleichterung. Der Mann, der hinaufgeklettert war, trat mit dem schweren Stiefel Ljoscha auf den Kopf. Ljoscha hörte, wie Nadja leise aufschrie.

Ein finsterer, schwerer Jemand ging über die Köpfe und Schultern dahin, seltsam durch die Luft wankend.

Ljoscha hob das Gesicht, um Atem zu holen. Die Luft war aber auch oben unerträglich heiß.

Der Himmel strahlte heiter, sieghaft, unerreichbar hoch, im Westen von zarten wie Perlmutter schillernden Federwolken übersät.

Die Sonne ergoß ein Meer sieghaften Lichts. So grell, so majestätisch und so grausam gleichgültig war die neue Sonne. Gleichgültig wie immer. Und ihre ganze Pracht strahlte über dem Wüten des Fiebers und der Qual.

Jemand trat schwer auf Ljoschas Füße.

Katja schluchzte mit großem Schmerz.

»Hör doch auf!« schrie Ljoscha heiser.

Katja lachte. So unglücklich klang das mit dem Schluchzen vermengte Lachen.

Über der ganzen weiten Wiese tobte ein ununterbrochenes Schreien, Stöhnen und Winseln.

Und dann kamen Augenblicke sinnlosen Hasses.

Die Menschen schlugen aufeinander ein, soweit es die Enge erlaubte. Sie stießen einander mit den Füßen. Sie bissen und packten einander an den Kehlen.

Die Schwächeren wurden zu Boden gedrückt, und die andern gingen über sie hinweg.

Ljoscha wiederholte mit lebloser erstickter Stimme alle Schreie und Seufzer, Bitten und Flüche und alles, was er hörte und was auch seine beiden Schwestern, die ihm wie zwei mechanische Puppen folgten, stammelten.

XIV.

Das Flehen und Stöhnen ringsum klang plötzlich gedämpft, wie im Schlafe.

Nun kam die seltsame kurze halbe Stunde der Stille, der Spannung, der unendlichen Ermattung und des leisen, unheimlichen Irreredens.

Der Widerhall des Irreredens schwebte über der Menge als ein stilles, erstickendes, unheimliches Dröhnen.

Der Wahnsinn war in allen Dingen, und die drei Kinder sahen durch den Nebel des Wahnsinns hindurch die grausige Gewißheit des Todes.

Die beiden Schwestern schluchzten schwer.

»Engel Gottes!« schrie jemand in der Nähe leise auf.

Die morgendliche Schlaftrunkenheit in der Menge halbzerdrückten Menschen wurde ab und zu von wilden Aufschreien der Verzweiflung unterbrochen.

Und wieder wurde es still, und über der Menge schwebte ein unheimliches dumpfes Dröhnen, das nicht die Kraft hatte, in den jubelnden Himmelsraum, zur unbeweglichen bösen Schlange der Höhen zu steigen.

Jemand schluchzte, und es klang wie wenn jemand in furchtbarer Pein stürbe.

Ljoscha hörte es und erriet sogleich, daß das Schluchzen aus Nadjas Munde kam.

Mühselig wandte er den Kopf zu ihr hin.

Nadja öffnete und schloß mechanisch ihre blauangelaufenen Lippen. Die Augen sahen nichts mehr, und das Gesicht hatte eine trübe leblose Farbe.

XV.

Die kurze Frist der Stille war bald um. Und plötzlich erhob sich über der erschütterten Menge ein Sturm sinnloser Wehklagen. Wilde Schreie peitschten die Luft.

Unter den von Haß verzerrten Gesichtern war kein einziges Menschengesicht mehr zu sehen. Die Teufel hatten ihre Larven heruntergerissen und frohlockten in wilder Pein.

Einige Menschen wurden in diesen Augenblicken wahnsinnig. Sie heulten, brüllten und schrien etwas Unverständliches doch Schreckliches.

Unter den Füßen der Menge klangen wilde Aufschreie von Sterbenden: die auf die Erde Hingesunkenen konnten sich nicht mehr erheben.

Diese Schreie erschütterten die Herzen der Wenigen, die in dieser schrecklichen Menge menschenähnlicher Teufel noch Menschen geblieben waren.

Ein zerlumpter Strolch und eine betrunkene Dirne standen nebeneinander. Sie sahen sich an und warfen einander haßerfüllte Worte zu. Der Strolch zuckte so seltsam mit der Achsel.

Mit dem Aufwand seines ganzen Hasses befreite er seine Hand. In der Hand blitzte ein Messer auf. Der schnelle Stahl lachte in den grellen Sonnenstrahlen.

Das Messer drang der Dirne in den Leib. Sie schrie auf:

»Verdammter!«

Sie erwürgte sich an diesem Schrei und starb.

Der Strolch beugte sich heulend über sie und bohrte seine Zähne in ihre dicke rote Backe.

»Man hat uns ganz erdrückt, wir werden gleich sterben!« sagte Katja mit heiserer Stimme.

Ljoscha streifte sie mit einem Blick aus einem Augenwinkel, lachte sinnlos auf und sagte laut, jedes Wort deutlich betonend:

»Nadja hat man erdrückt. Sie ist schon kalt.«

Große Tränentropfen rollten ihm das Gesicht hinunter, und seine bleichen Zähne grinsten sinnlos.

Katja schwieg. Ihr Gesicht wurde allmählich blau, und ihre Augen erloschen.

Ljoscha rang um Atem.

Seine Füße traten auf etwas Weiches. Ein scharfer Gestank stieg von der Erde auf. Unten röchelte und regte sich etwas.

»Es stinkt!« sagte hinter Ljoscha eine furchtbar gleichgültige Stimme. »Man hat eine Frau zu Boden getreten und ihr den Bauch eingedrückt.«

Katjas Kopf hing so seltsam leblos herab.

Ljoscha überlief es plötzlich kalt.

XVI.

»Sechs Uhr!« sagte jemand.

Der Stimme konnte man anhören, daß sie einem kräftigen ruhigen Mann gehörte, der sich in der Menge gar nicht fürchtete.

»Wir haben also noch vier Stunden zu warten,« flüsterte jemand scheu und schwer um Atem ringend.

»Worauf willst du warten?« schrie ein anderer wütend.

»Alle werden wir sterben,« sagte ruhig und leise eine tiefe Frauenstimme.

Jemand schrie verzweifelt:

»Brüder, müssen wir uns denn wirklich noch so lange drängen?«

Ein unruhiges Dröhnen zog über die Wiese wie ein Schwarm scheuer schwarzbeschwingter Vögel. Es rollte dahin, und auch die Menge kam ins Schwanken.

»Brüder, es ist Zeit!« kreischte eine hohe Stimme. »Seid auf der Hut: die verdammten Teufel holen sich alles, und wir kriegen nichts!«

»Vorwärts! Vorwärts!« dröhnte es ringsum:

Die ganze Menge drängte ungestüm und schwer vorwärts.

Ljoscha sah die leblosen Gesichter seiner Schwestern, die kalt und schwer auf seinen Schultern ruhten.

Die aufgegangenen Haare der Schwestern kitzelten seine blassen Wangen.

Er bewegte die Füße nicht mehr. Die Menge trug ihn und seine Schwestern.

»Die Verteilung hat begonnen!« schrie jemand auf.

Man sah, scheinbar gar nicht weit, bunte Bündel durch die Luft schwirren.

»Greift zu!« röchelte gequält ein hagerer Bauer.

»Was steht ihr noch? Vorwärts!« schrien die hinten Stehenden.

»Sie lassen die Unsrigen gar nicht zu! Die Verdammten drängen sich vor, und wir müssen warten!« brüllte jemand.

Von allen Seiten erhoben sich rasende Schreie:

»Brüder, schlagt euch durch!«

»Was laßt ihr es euch gefallen? An der Kehle gepackt und zu Boden geworfen!«

»Vorwärts!«

»Wenn sie uns nichts geben, so holen wir es uns selbst!«

»Ach, man hat mich erdrückt!«

»Himmlischer Vater, die Gedärme haben sie mir herausgedrückt!«

»Erwürge dich mit deinen Gedärmen, du Hund!«

»Schneide ihm die Kehle durch, dem Aas!«

»Vorwärts, haltet euch nicht auf!« brüllte vorne eine böse Stimme.

XVII.

Von allen Seiten drohten wütende, verzweifelte Gesichter.

Ein schwerer Strom. Alle vom gleichen Haß erfüllt.

Ein Messer zerschnitt ein Kleid und einen Körper.

Das Weib heulte auf und starb.

Ein namenloses Grauen.

Leblos blicken auf Ljoscha die blauangelaufenen Gesichter seiner Lieben.

Jemand lacht. Worüber?

Bald kommt das Ende. Da sind schon die Wände der Buden...

In der hocherhobenen Hand eines kräftigen Bauernburschen glänzte im goldenen Sonnenlichte matt ein Blechbecher. Der Arm ragte unnatürlich wie ein lebender Pfahl in den Himmel.

Jemand warf seinen Kopf mit starkem Ruck empor und schlug dem Burschen den Becher aus der Hand: so schwach war schon der vor Anspannung blaue Arm.

Der Becher fiel langsam im Bogen herab und streifte im Fallen jemands Rücken.

Der Bursche fluchte unflätig.

Er war ganz rot und verschwitzt, und das Weiße seiner glotzenden Augen schien unnatürlich groß.

Mit großer Anstrengung bückte er sich, um den Becher aufzuheben. Man sah, wie seine Ellenbogen arbeiteten.

Plötzlich sank er mit einem dumpfen Aufschrei um.

Jemand stürzte schreiend über ihn und versuchte, über seinen Rücken zu kriechen. Ein Dritter fiel mit dem Bauch über die beiden. Alle drei sanken um. Man hörte ein dumpfes Röcheln. Einer von den dreien erhob sich über die beiden andern und ragte unnatürlich groß in die Höhe. Die Menge floß über den Umgefallenen wieder zusammen, und man konnte aus ihrem schweren Wogen an dieser Stelle schließen, daß die beiden niedergetrampelt wurden.

Ein kräftiger Bauer mit violettem Gesicht arbeitete so lange mit den Schultern und Ellenbogen, bis es ihm gelang, den rechten Arm zu befreien und vorzustrecken. Die Menge drückte ihn von allen Seiten zusammen. Der Arm baumelte seltsam von einer fremden Schulter herab, tiefrot neben einem roten Tuch.

Die Frau im roten Kopftuch wandte sich um und bohrte ihre Zähne dem kräftigen Bauer in den Arm. Ganz unbegreiflich war ihre Wut.

Der Bauer riß dumpf aufröchelnd den Arm los und begann verzweifelt mit den Ellenbogen zu arbeiten. Er schien zu wachsen.

Man hatte ihn in die Höhe gedrängt. Er fiel auf die Köpfe nieder, und unter ihm erhob sich ein wütendes Brüllen. Er stieg mit den Knien auf jemands Schultern und fiel wieder um.

Immer wieder fallend und sich von neuem erhebend, kroch er auf allen Vieren vorwärts, und die Menge unter ihm war wie eine holprige Straße, wie ein langsam dahinrollender Gletscher.

Nun wurden noch einige andere Menschen in die Höhe gedrängt.

Man sah sie schwankend über die Köpfe und Schultern in der Richtung zu den Bierbuden laufen.

Viele hatten schon die Dächer der Buden erreicht.

XVIII.

Zwei Frauen waren aneinander geraten. Sie kämpften stumm und erbittert. Die eine hatte die Finger der andern in den Mund gesteckt und bemühte sich, ihr die Backe zu zerreißen. Man sah Blut und hörte ein durchdringendes Kreischen.

Man stach aufeinander mit Messern los, um sich einen Weg zu bahnen. Die Erstochenen wurden sofort niedergetrampelt. Der Mörder fiel manchmal auf den Ermordeten hin, und beide versanken unter den Füßen der rasenden Menge.

Viele waren in den Graben gestürzt. Andere fielen über sie hin. Der Graben war in kurzer Zeit von einer Menge röchelnder, in furchtbaren Qualen sterbender Menschen gefüllt. Die Teufel traten sie mit ihren schweren Stiefeln nieder.

Ein rothaariger Kerl, der dicht vor Ljoscha stand, bemühte sich schon seit geraumer Zeit, in die Höhe zu kommen. Er arbeitete verzweifelt mit den Ellenbogen und drückte auf die Schultern der neben ihm Stehenden. Er schrie etwas Unverständliches und lachte heiser.

Anfangs konnte man nicht begreifen, was er wollte und was mit ihm vorging. Plötzlich stieg er in die Höhe und verdeckte für einige Augenblicke alles, was Ljoscha vor Augen hatte.

Seine sinnlosen Schreie fielen auf die stumpfe Menge wie scharfe, pfeifende Peitschenhiebe nieder, und seine gleichsam vom Himmel tönende näselnde Stimme war seltsam anzuhören. Nun konnte man auch schon verstehen, was er schrie.

Seine Worte waren Gotteslästerung und Schmähen und unflätiges Fluchen.

Plötzlich fiel er um und stieß Ljoscha mit dem Stiefelabsatz in die Stirne.

Er erhob sich aber gleich wieder. Nun stand er schon auf allen Vieren und hielt sich am Zopf eines halberdrückten Mädchens fest. Dann stieg er auf jemands Schultern.

Rothaarig, mit rotem Kopf, wahnsinnig lachend, trat er auf die Köpfe und Schultern.

Einem Teufel ähnlich, schritt er mit seinen schweren Stiefeln über die zusammengepreßte, wild brüllende Menge dahin.

Der vor Übelkeit verschmachtende Ljoscha sah durch den blutroten Nebel, der ihm die Augen verhüllte, wie ein Riesengroßer, der mit dem Kopf bis in den Himmel und noch höher ragte, – ein Mensch oder ein Teufel, oder beides zugleich, – über die Köpfe der Sterbenden und Erstickenden dahinging, furchtbare Gotteslästerungen ausstoßend.

Die Menge drängte sich vorne in die schmalen Durchgänge zwischen den Bretterbuden hinein. Man hörte von dort ein Schreien, Winseln und Stöhnen. Man sah Mützen und Kleiderfetzen durch die Luft wirbeln.

Irgendein blonder Kopf stieß einige Mal an die scharfe Ecke einer der Buden an, blieb dann leblos hängen und verschwand plötzlich, vom Menschenstrome fortgetragen.

Es sah so aus, als ob sich um die Bretterbuden lauter Riesen drängten. Es war so seltsam, die Köpfe in der Höhe der Dächer zu sehen. Die Leute standen auf den Körpern der Niedergetrampelten.

Hinter den Buden erhob sich das triumphierende Geheul der Sieger. Bunte Fetzen flogen durch die Luft.

Ljoscha und seine Schwestern wurden in einen der Durchgänge zwischen den Buden hineingestoßen.

Hier war es unerträglich eng. Ljoscha glaubte, daß alle seine Knochen gebrochen seien. Schwer lasteten auf seinen Schultern die zermalmten Körper seiner Schwestern.

Nun war der schmale Durchgang zu Ende.

Hinter der Bude winkte Freiheit, Licht und Freude.

»Gleich werde ich sterben!« sagte sich Ljoscha und lächelte selig.

Einen Augenblick lang sah er irgendein rotes freudestrahlendes Gesicht und einen Mann, der einen Bündel mit Geschenken über dem Kopfe schwang.

Und er sank hin.

Beide Schwestern fielen über ihn und bedeckten ihn mit ihren zermalmten Körpern.

Ljoscha fühlte, wie viele Füße über ihn dahinliefen.

Jeder Schritt der teuflischen Füße tat dem Körper furchtbar weh.
Jemand trat ihm mit dem Absatz auf den Nacken.
Nur einen kurzen Augenblick fühlte er Übelkeit.
Dann kam der Tod.